Lars U. Scholl (Hg.)

Eine Sonderausstellung im Deutschen Schiffahrtsmuseum Bremerhaven

19. Juni 2010 – 17. Oktober 2010

Sonja Kinzler und Jens Buttgereit

Seemann Kumpel Eisenbahner

Sozialversicherung zwischen 1880 und 1930

Deutsches schiffahrts museum

Inhaltsverzeichnis

Seemann Kumpel Eisenbahner

Inhaltsverzeichnis

Vergangenheit und Zukunft sozialer Sicherungssysteme am Beispiel der Bundesknappschaft und ihrer Nachfolger – Ein Forschungsprojekt 5

Seemann Kumpel Eisenbahner – Sozialversicherung zwischen 1880 und 1930 7
Die Bismarcksche Sozialgesetzgebung der 1880er-Jahre – Grundlagen der modernen Sozialversicherung 11
Seefahrt Bergbau Eisenbahn – Sonderfälle der Versicherungsgeschichte 15

Wer ist schuld, wenn Arbeit krank macht? Berufsbedingte Krankheiten 19
Malaria – eine seemännische Berufskrankheit 20
Staublunge – Berufsrisiko oder Versicherungsfall im Bergbau 34
Rheuma – Gesundheitsgefahr oder Simulantentum bei der Eisenbahn 48

Verunglückt bei der Arbeit – was nun? Arbeitsunfälle 60
Schifffahrts-Unglücke – zögerliche Anfänge der Sozialversicherung in der Seefahrt 64
Bergbau-Unglücke – alte und neue Gefahren und ihre Absicherung im Bergbau 82
Eisenbahn-Unglücke – technische und soziale Sicherungssysteme bei der Eisenbahn 94

Impressum 103

Vergangenheit und Zukunft sozialer Sicherungssysteme am Beispiel der Bundesknappschaft und ihrer Nachfolger – Ein Forschungsprojekt

Literatur:

Christoph Bartels (Hg.): Berufliches Risiko und soziale Sicherheit, Bochum 2010 (=Vergangenheit und Zukunft sozialer Sicherungssysteme am Beispiel der Bundesknappschaft und ihrer Nachfolger, Band 4).
Ulrich Lauf: Der Allgemeine Knappschaftsverein zu Bochum (1890-1923). Mythos und Wirklichkeit, Bochum 2010 (= Vergangenheit und Zukunft sozialer Sicherungssysteme am Beispiel der Bundesknappschaft und ihrer Nachfolger, Band 3).
Klaus-Peter Kiedel, Uwe Schnall und Lars U. Scholl (Hg.): Arbeitsplatz Schiff. 100 Jahre See-Berufsgenossenschaft 1887-1987, Bremerhaven/Hamburg 1987.

Seemann Kumpel Eisenbahner

Vergangenheit und Zukunft sozialer Sicherungssysteme am Beispiel der Bundesknappschaft und ihrer Nachfolger – Ein Forschungsprojekt

Im Jahre 2006 bewarben sich die beiden Forschungsmuseen in der Leibniz-Gemeinschaft (WGL) Deutsches Bergbau-Museum (DBM) in Bochum (federführend) und das Deutsche Schiffahrts-museum (DSM) in Bremerhaven mit vier weiteren Kooperations-partnern um Mittel des Paktes für Forschung und Innovation der WGL. Vor dem Hintergrund der Bildung des größten Versicherungsträgers in Deutschland, der „Deutschen Rentenversicherung Knappschaft – Bahn – See" im Jahre 2005, sollten Geschichts-, Wirtschafts-, Medizin- und Sozialwissenschaften sowie für den Versicherungsträger in einem interdisziplinären Forschungsprojekt die Historie, die gegenwärtige Situation und die Zukunftsperspektiven untersuchen. Für alle drei Forschungsfelder bestanden erhebliche Lücken, die mit dem Forschungsvorhaben geschlossen werden sollten. Es wurden mehrere Doktorarbeiten und Postdoc-Arbeiten vergeben, die Teil- und Endergebnisse wurden auf Tagungen vorgestellt und in wissenschaftlichen Publikationen veröffentlicht. In zwei Sonderausstellungen werden die Forschungsergebnisse auch in der Form einer Ausstellung publiziert. Am 1. Juli 2010 wird im Deutschen Bergbau-Museum in Bochum die Hauptausstellung zu diesem Projekt „Auf breiten Schultern. 750 Jahre Knappschaft" eröffnet. Eine kleine Sonderausstellung in Bremerhaven wird zwei Wochen vorher am 19. Juni 2010 im DSM zum Auftakt präsentiert. Das DSM hatte sich bereits im Jahre 1987 zum 100jährigen Bestehen der See-Berufsgenossenschaft (SEE-BG) in einer knapp 300 Seiten umfassenden Schrift und mit einer aufwändigen, von Erhardt Christiani inszenierten Sonderausstellung intensiv mit der SEE-BG und der See-Sozialversicherung befasst. Für den historischen Teil zeichneten damals Lars U. Scholl und Klaus-Peter Kiedel verantwortlich. Die Erarbeitung der Monographie, die längst vergriffen ist, und der Ausstellung begründeten das Interesse des DSM an der See-Unfallversicherung, der Invaliden-, Witwen- und Waisen-Versicherung und an der Seekrankenkasse. Im Vorwort schrieben wir damals: „Der Historische Überblick über die einhundertjährige Geschichte der See-Berufsgenossenschaft versteht sich als ein erster Versuch einer wissenschaftlich fundierten – ‚querstehende Informationen' (Florian Tennstedt) keineswegs unterschlagenden – Institutionengeschichte. Der Beitrag ist als Ausgangspunkt einer noch zu leistenden quellenmäßig abgesicherten Beschäftigung mit der neuzeitlichen sozialen Gesetzgebung gedacht." Wenn es auch länger gedauert hat, so sind wir nun mit neuen Fragestellungen zu dem Thema zurückgekehrt.

Für die wissenschaftliche Aufarbeitung des Teils, den das DSM übernommen hatte, konnte Melanie Sulzer M.A. gewonnen werden, die in den letzten Semestern meiner Hamburger Lehrtätigkeit am Institut für Sozial- und Wirtschaftsgeschichte meine Seminare besucht und ihr schifffahrtshistorisches Interesse entdeckt hatte. Ihre Forschungen zur Seesozialversicherung basieren auf umfangreichen Archivrecherchen, die einen erheblichen Zugewinn an wissenschaftlicher Erkenntnis gebracht haben. Diese Vorarbeit bildet zusammen mit der Unterstützung der anderen am Projekt beteiligten Partner – voran Markus Montz von der Universität der Bundeswehr Hamburg und die Kollegen vom Deutschen Bergbau-Museum – die Grundlage für die Ausstellung im DSM, die Dr. Sonja Kinzler und Jens Buttgereit M.A. erarbeitet haben. Dem Ausstellungsteam gehörten zusätzlich Lars U. Scholl und Inga Brantzky, die Diplomdesignerin Silke Brinkmann sowie der Ausstellungsgestalter Michael Herzog an. Egbert Laska betreute die photographischen Arbeiten und Andree Schnelle war zusammen mit den Kollegen aus der Werkstatt für den Ausstellungsaufbau verantwortlich. Allen sei an dieser Stelle herzlich gedankt.

Prof. Dr. Lars U. Scholl
Deutsches Schiffahrtsmuseum Bremerhaven/Universität Bremen

Seemann Kumpel Eisenbahner

Sozialversicherung zwischen 1880 und 1930

Das Arbeitsleben veränderte sich für die meisten Berufstätigen im 19. Jahrhundert radikal. Gerade die ausbeuterische Fabrikarbeit in den rapide anwachsenden Industriestädten steht für den Gegensatz zur vormodern-agrarischen Lebens- und Arbeitswelt. Die Einführung von modernen Maschinen – etwa der Transport mit Dampfkraft auf See und Schiene sowie im Untertagebau – machte die Arbeit dabei nicht nur effektiver, sondern brachte auch neue Gefahren. Sicherheitstechnik war erst der zweite Schritt in dieser Entwicklung. So mancher Kessel explodierte, und die jahrelange Arbeit an den Maschinen machte Viele zu Frühinvaliden. Dabei waren gerade die Seefahrt und der Bergbau schon traditionell Berufe mit besonderen Krankheits- und Unfallgefahren: Mangelernährung, Ertrinken, Staublunge und Steinschlag gehören zu den bekanntesten Risiken.

Die Möglichkeiten der sozialen Absicherung der Arbeitskraft hinkten der Modernisierung der Arbeits- und Lebenswelt hinterher. Wer nicht arbeiten konnte, weil er krank war, vielleicht sogar für lange Zeit, hatte zunächst keinen Rechtsanspruch auf Lohnfortzahlung oder Rente. Wenn ein Familienmitglied schwer oder sogar tödlich verunglückte, verarmte oft die ganze Familie.

In den 1880er-Jahren stellte die Sozialgesetzgebung, die eng mit dem Namen des Reichskanzlers Otto von Bismarck verbunden ist, die Weichen für das moderne Versicherungsrecht, wie wir es heute kennen. Krankheit, Arbeitsunfälle und Invalidität wurden nun zu Versicherungsfällen. Die Ersatzleistungen reichten, falls sie gewährt wurden, aber häufig nicht aus. Auch war zunächst nur eine Minderheit der Beschäftigten von den Neuerungen betroffen, aber der Anfang war gemacht.

Diese neue Entwicklung konnte auf althergebrachte Versorgungstraditionen wie die Reederfürsorge, etablierte genossenschaftliche Versicherungsformen wie die Knappschaften der Bergleute und professionelle, junge Versicherungsstrukturen wie die Einheitsversicherung der Staatsbahnen zurückgreifen. Nach ihrem Vorbild wurde die soziale Sicherung nun auf weite Teile der Arbeiterschaft ausgedehnt. Der Bergbau, die Seefahrt und das Bahnwesen blieben dabei Sonderfälle der Sozialversicherung.

Die Ausstellung „Seemann Kumpel Eisenbahner. Sozialversicherung zwischen 1880 und 1930“ bringt die drei Branchen mit ihren Gemeinsamkeiten und Unterschieden zusammen. Um die Entwicklung der Mechanismen sozialer Sicherung zu verdeutlichen, werden anhand von anschaulichen Einzelschicksalen die Arbeits- und Versicherungssituation aus drei Zeitschnitten dargestellt:

um 1880 – vor der staatlichen Sozialgesetzgebung (1883-89)

um 1910 – als die Pflichtversicherungen griffen

um 1930 – nach der Einführung der See-Krankenkasse (1928) und der Anerkennung erster Berufskrankheiten (1929)

Der Blick auf typische Krankheiten und Unfälle der Seeleute, Bergleute und Eisenbahner ermöglicht es, die vergangenen Arbeitswelten greifbar und die konkrete Bedeutung und historische Entwicklung von sozialer Sicherung verständlich zu machen.

Grün steht für „Halt“?
Vorsignal V01, 1901
Stiftung Deutsches Technikmuseum Berlin

Versicherungen werden aktiv, nachdem ein Unfall eingetreten ist. Die Signaltechniken der Eisenbahnen sollen eben dies vermeiden. Doch viele Eisenbahn-Unfälle der Kaiserzeit wurden auf das Überfahren eines Haltesignals zurückgeführt. Ab 1893 sollten sogenannte Vorsignale für mehr Sicherheit sorgen. Bei ihnen zeigte „Grün“ an, dass am folgenden Hauptsignal zu halten sei. Nicht „Rot“ stand also für Halt. Tagsüber klappte als Stoppzeichen eine grüne Scheibe um, wie an diesem Vorsignal von 1901. In der Nacht war es ein grünes Licht. Da am Hauptsignal jedoch ganz im Gegenteil „Grün“ für freie Fahrt stand, kam es häufiger zu Missverständnissen.

Armenbüchse
des Flensburger Schiffergelags, 17. Jahrhundert
Schiffahrtsmuseum Flensburg

Arbeitsunfähigkeit, sei es durch Krankheit, Alter oder Tod, birgt die Gefahr der Verarmung der Betroffenen und ihrer Familien. Soziale Absicherung dagegen gibt es in organisierter Form seit vielen Jahrhunderten. Die Knappschaft der Bergleute feiert dieses Jahr ihr 750-jähriges Jubiläum. Freilich hatten die vormodernen Interessenverbände, wie es sie etwa auch als Schiffergilden schon seit dem Mittelalter gibt, einen entscheidenden Unterschied zum modernen Kassenwesen:

Nicht alle, die einem Berufszweig angehörten, hatten Anspruch auf Unterstützung. Die Schiffer etwa unterstützten sich in erster Linie gegenseitig, die Fürsorge für einfache Seeleute lag in ihrem Ermessen. Für diese war meist eher das Armenwesen zuständig.

Die Sozialversicherung, die ab den 1880er-Jahren entstand, hatte den Anspruch, alle Arbeitnehmer zu versorgen, und dies auf gesetzlicher Grundlage.

Die Armenbüchse des Flensburger Schiffergelags stammt aus dem 17. Jahrhundert und trägt die Beschriftung: „No: i Daß Armgeldt.“

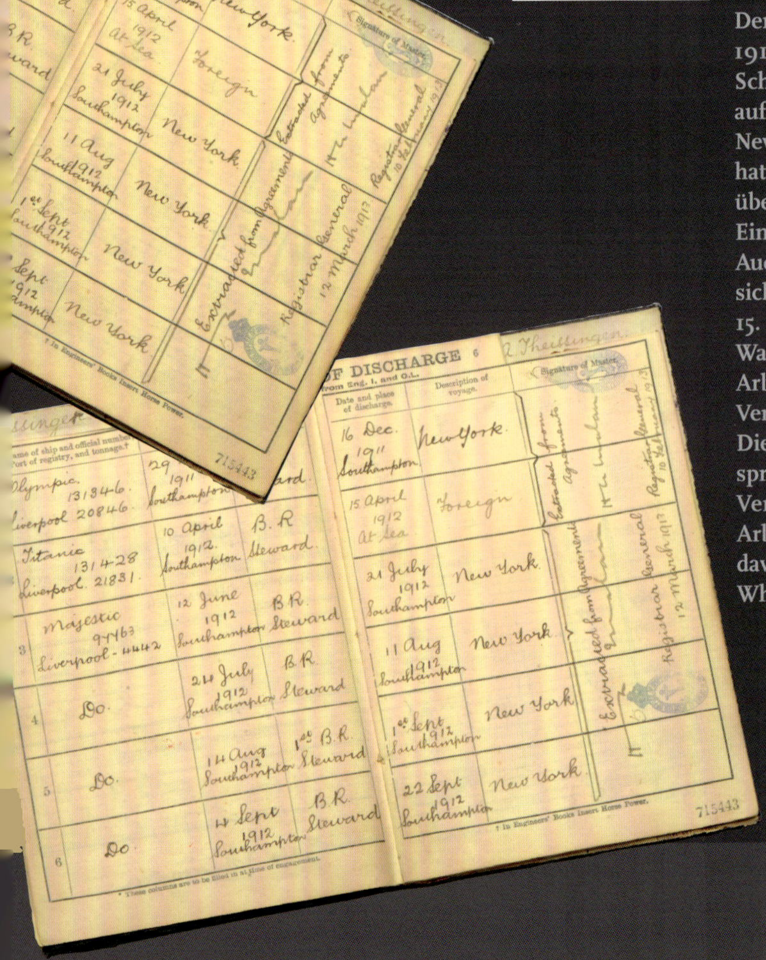

Abgemustert auf der gesunkenen Titanic?
Seefahrtsbücher des deutschen Stewards Alfred Theissinger
White Star Line, um 1912
Deutsches Schiffahrtsmuseum Bremerhaven

Der Untergang der Titanic in der Nacht vom 14. auf den 15. April 1912 gehört zu den spektakulärsten Unglücken der Schifffahrtsgeschichte. Das damals größte Schiff der Welt sank auf seiner Jungfernfahrt auf dem Weg von Southampton nach New York im Nordatlantik, nachdem es einen Eisberg gerammt hatte. Es gab zu wenig Rettungsboote, so dass nur rund 500 der über 2.000 an Bord befindlichen Menschen überlebten.
Einer von ihnen war der deutsche Steward Alfred Theissinger. Auch sein Seefahrtsbuch überstand die Katastrophe. Hier findet sich ein auf den ersten Blick ganz unscheinbarer Vermerk für den 15. April: Die Reederei hat ihn auf See abgemustert (Eintrag 2). Was dahinter steckt: Das Schiff war kurz zuvor gesunken, und der Arbeitgeber entledigte sich mit dem Eintrag umgehend der Verantwortung für den Steward.
Dies hätte in Deutschland der Seemannsordnung von 1872 entsprochen. Das Vorgehen zeugt aber nicht gerade von sozialer Verantwortung der zeitgenössischen Reedereien für ihre Arbeitnehmer. Zum Glück war Alfred Theissinger mit dem Leben davongekommen. Er arbeitete danach noch viele Jahre für die White Star Line.

Die Bismarcksche Sozialgesetzgebung der 1880er-Jahre: Grundlagen der modernen Sozialversicherung

In Deutschland setzte in der Folge der Weltwirtschaftskrise von 1873 eine schwerwiegende Depressionsphase ein, die bis 1879 andauerte. In Fortsetzung der wirtschaftlichen Abwärtsentwicklung kam es in großem Umfang zu Entlassungen und zu deutlichen Lohnsenkungen: So gingen beispielsweise im Ruhrbergbau die Einkommen der Arbeiter bis 1878 um etwa ein Drittel zurück. In 110 Ruhrbergwerken des „Vereins für die Bergbaulichen Interessen“ wurde in den ersten drei Jahren der Depression ein Fünftel der Arbeitnehmer entlassen.

Die Sozialdemokratie, die die Arbeiterinteressen politisch vertrat, erstarkte in dieser prekären wirtschaftlichen Lage: Sie gewann in ihren beiden Parteien, die sich 1875 zur Sozialistischen Arbeiterpartei SAP zusammenschlossen, Mitglieder hinzu und errang bei der Reichstagswahl 1877 beispielsweise in Sachsen stattliche 38 Prozent, in Hamburg sogar 40 Prozent der Stimmen. Diese Erfolge nährten bei ihren Gegnern die Furcht vor einer Gefährdung der Monarchie sowie der gesellschaftlichen und ökonomischen Verhältnisse. Mit dem sogenannten Sozialistengesetz ging die Regierung von 1878 bis 1890 rigide, aber letztlich erfolglos, gegen die Arbeiterbewegung vor: Weit über 300 Vereine wurden verboten, ebenso Publikationen und Veranstaltungen der Partei, es gab Haftstrafen und zahlreiche Ausweisungen.

Die Sozialgesetzgebung der 1880er-Jahre sollte nicht zuletzt als Gegenstück zu dieser Unterdrückungspolitik dienen, indem sie darauf abzielte, die Arbeiterschaft für den Staat zu gewinnen, sie zu integrieren. So sprach Bismarck 1881 im Hinblick auf die Einrichtung einer Altersversicherung davon, dass damit einer Revolution vorgebeugt werden würde, „die in fünfzig Jahren ausbrechen kann, aber auch schon in zehn Jahren“. Und in der Kaiserlichen Botschaft, die im November 1881 das Vorhaben einer staatlichen Sozialversicherung umriss, heißt es, dass die „Heilung der sozialen Schäden nicht ausschließlich im Wege der Repression [...] zu suchen sein“ werde. Dass die Sozialpolitik als Teil der Sozialistenbekämpfung nicht in Arbeiterinteressen ihren letzten Zweck sah, sondern dass sie wesentlich auch von Unternehmerperspektiven geprägt war – und zwar eben nicht nur, indem sie eine Schwächung der Sozialdemokratie beabsichtigte –, dies zeigte sich in den Grenzen, die den sozialpolitischen Maßnahmen gezogen wurden: Die Bedeutung der Unternehmerinteressen war darin erkennbar, dass man Halt machte vor einem weitreichenden Arbeiterschutz mit Arbeitszeitbeschränkungen, Betriebsinspektionen oder Maßnahmen gegen Kinderarbeit.

Trotzdem galt und gilt die Sozialgesetzgebung des deutschen Kaiserreichs, auch international, als wegweisend für die Entwicklung der rechtlich-gesellschaftlichen Absicherung der Arbeit.

Zu den wesentlichen Elementen des neuen Versicherungssystems gehörte die Versicherungspflicht. Sie schuf im Vergleich zu den freiwilligen Kassen eine bessere finanzielle Grundlage für Unterstützungsleistungen. Beiträge wurden nach dem Einkommen berechnet und nicht nach individuellen Risiken. Arbeitnehmer erwarben durch ihre Leistungen ein Recht auf Unterstützung und hingen nicht von willkürlichen Beurteilungen ihrer Bedürftigkeit ab. Die Versicherten waren keine Almosenempfänger mehr und entlasteten damit im Versicherungsfall zugleich die Armenfürsorge der Kommunen. Zudem hatten die Arbeitgeber sich an der Finanzierung zu beteiligen. Des Weiteren war grundlegend, dass kranke Arbeiter vor Ausschluss geschützt waren.

Versicherungsschutz war außerdem nicht örtlich gebunden, und es ging neben Lohnersatzleistungen stärker als bei freiwilligen Kassen um eine Absicherung auch von Behandlungskosten. Schließlich gehörten Mitspracherechte der Versicherten zum System der sozialen Absicherung – ein Element, das Bismarck als „demokratisches Öl“ bezeichnete.

Krankenversicherung, 1883

1883 wurde als erstes die Krankenversicherung der Arbeiter geregelt. Die Arbeitgeber leisteten hier anfangs nur ein Drittel der Beiträge, während die Arbeitnehmer zwei Drittel der Finanzierung übernahmen. Dem entsprach der Umfang ihrer Mitwirkungsrechte in der Verwaltung. Die Versicherung wurde in erster Linie von vielen neuen Ortskrankenkassen genossenschaftlich umgesetzt. Die Leistungen bestanden in der Übernahme der Behandlungskosten und von Krankengeld, das vom dritten Tag an bis maximal 13 Wochen gezahlt wurde.

Unfallversicherung, 1884

1884 folgte das Gesetz über die Unfallversicherung. Zur Umsetzung wurden Berufsgenossenschaften als Versicherungsträger gegründet. Die Beiträge bestritten die Arbeitgeber. Arbeitnehmer erhielten daher keinen Zugriff auf die Verwaltung. An der Finanzierung von Unfallfolgen wurden sie indirekt allerdings durchaus beteiligt, da nach einem Unfall zunächst die von ihnen mitfinanzierte Krankenversicherung zahlte. Neben einer Unfallrente im Anschluss an das Krankengeld aus der Krankenkasse – nach der 13. Woche in Höhe von zwei Dritteln des Verdienstes – gehörte zu den Leistungen der Unfallversicherung auch eine Hinterbliebenenrente bei tödlichen Unfällen.

Alters- und Invalidenversicherung, 1889

1889 wurde das Alters- und Invaliditätsversicherungsgesetz erlassen. Hier teilten sich Arbeitgeber und Arbeitnehmer die Beiträge.

Literatur:

Eckart Reidegeld: Staatliche Sozialpolitik in Deutschland. Historische Entwicklung und theoretische Analyse von den Ursprüngen bis 1918, 1996.
Gerhard A. Ritter: Sozialversicherung in Deutschland und England. Entstehung und Grundzüge im Vergleich, 1983.
Florian Tennstedt: Sozialgeschichte der Sozialpolitik in Deutschland. Vom 18. Jahrhundert bis zum Ersten Weltkrieg, 1981.
Hans-Ulrich Wehler: Deutsche Gesellschaftsgeschichte 1849–1914, 1995.

Die Bismarcksche Sozialgesetzgebung der 1880er-Jahre: Grundlagen der modernen Sozialversicherung

Vorbildlich und Unerreicht
Plakat „Die deutsche Sozialversicherung ...", 1914
Deutsches Historisches Museum Berlin

Die Sozialgesetzgebung des Deutschen Kaiserreichs galt und gilt, auch international, als wegweisend für die Entwicklung der rechtlich-gesellschaftlichen Absicherung von Arbeit. Tatsächlich war damit ein Anfang gemacht. Zunächst betraf die Versicherung vor allem gewerbliche Arbeiter; manche Berufszweige, etwa die Seeleute, waren noch kaum berücksichtigt.

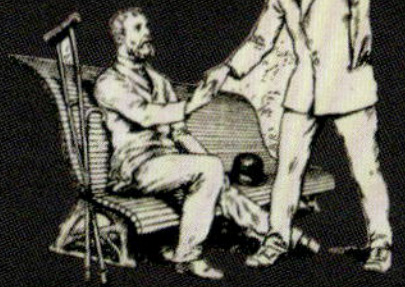

Seefahrt, Bergbau, Eisenbahn: Sonderfälle der Versicherungsgeschichte

Literatur:

Lothar Gall, Manfred Pohl (Hg.): Die Eisenbahn in Deutschland: Von den Anfängen bis zur Gegenwart, 1999.
Klaus-Peter Kiedel, Uwe Schnall, Lars U. Scholl (Hg.): Arbeitsplatz Schiff. 100 Jahre See-Berufsgenossenschaft 1887–1987, 1987.
Ulrich Lauf: Die Knappschaft. Ein Streifzug durch tausend Jahre Sozialgeschichte, 1994.
www.kbs.de: Informationen zur Geschichte der „Deutschen Rentenversicherung Knappschaft-Bahn-See".

SEEFAHRT, BERGBAU, EISENBAHN: Sonderfälle der Versicherungsgeschichte

Die Bismarcksche Sozialversicherung der 1880er-Jahre – Kranken-, Unfall- sowie Alters- und Invalidenversicherung – spielte für die Branchen Seefahrt, Bergbau und Eisenbahn eine jeweils unterschiedliche Rolle. Die wichtigsten Besonderheiten waren:

SEEFAHRT

Erst 1887 erreichte die Seeleute die erste Neuerung in Form der See-Unfallversicherung. Bis dahin waren sie auf die traditionelle Reederfürsorge angewiesen. Nachdem sie ab 1889 in die gesetzliche Alters- und Invalidenversicherung einbezogen worden waren, bot die Seekasse ab 1907/11 Sonderleistungen. Erst 1928 waren die Seeleute gesetzlich krankenversichert.

BERGBAU

Das Preußische Knappschaftsgesetz von 1854 war als Zwangsversicherung ein wichtiger Vorläufer der Bismarckschen Sozialgesetzgebung. In den 1880er-Jahren wurden die gesetzlichen Leistungen von den Knappschaften übernommen.

EISENBAHN

Seit 1859 leistete sich die junge Bahn-Branche Einheitskassen. Als in den 1880er-Jahren die Versicherungsgesetze kamen, behielt sie viel von ihrer Eigenständigkeit und einige Sonderleistungen für die Beschäftigten bei.

Berufsbedingte Krankheiten

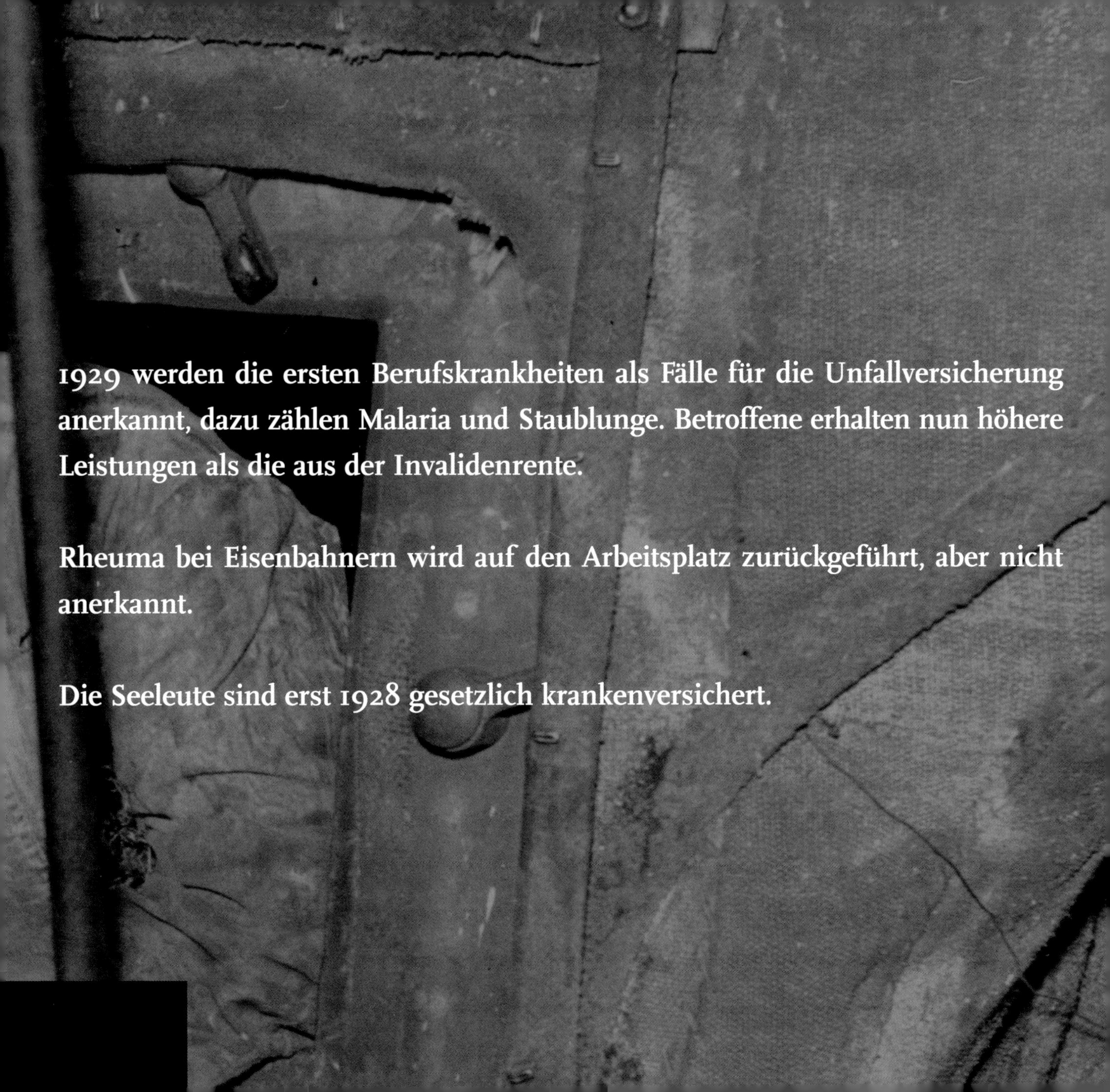

1929 werden die ersten Berufskrankheiten als Fälle für die Unfallversicherung anerkannt, dazu zählen Malaria und Staublunge. Betroffene erhalten nun höhere Leistungen als die aus der Invalidenrente.

Rheuma bei Eisenbahnern wird auf den Arbeitsplatz zurückgeführt, aber nicht anerkannt.

Die Seeleute sind erst 1928 gesetzlich krankenversichert.

Wer ist schuld, wenn Arbeit krank macht? Berufsbedingte Krankheiten

Literatur:

Gerhilt Dietrich: Berufskrankheiten in der gesetzlichen Unfallversicherung 1911–1965, Diss. 1999.
Catharina Hofmann: Geschichte der arbeitsmedizinischen Praxis, 2004.
Joachim S. Hohmann: Berufskrankheiten im Prozeß der Modernisierung. Eine sozialhistorische und soziologische Studie, 1997.
Helmuth Trischler: Arbeitsunfälle und Berufskrankheiten im Bergbau 1851 bis 1945 . Bergbehördliche Sozialpolitik im Spannungsfeld von Sicherheit und Produktionsinteressen, in: Archiv für Sozialgeschichte (AfS), XXVIII, 1988, S. 111–151.

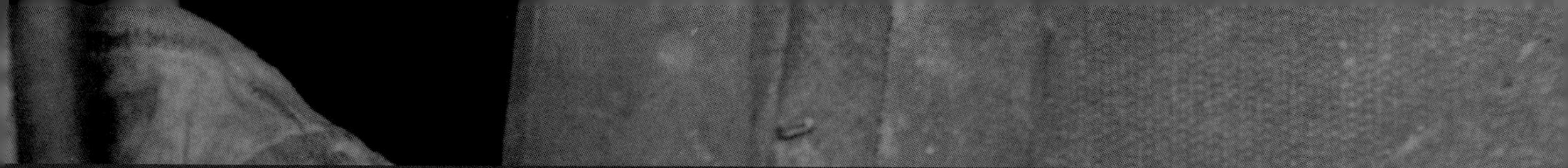

Wer ist schuld, wenn Arbeit krank macht? Berufsbedingte Krankheiten

Als Seemann, Bergmann oder Eisenbahner ist man einer Vielzahl besonderer Gefahren ausgesetzt: einem hohen Unfallrisiko, aber auch Krankheiten, die der Beruf mit sich bringen kann.
„Berufskrankheiten“ gibt es im versicherungsrechtlichen Sinn erst seit 1925, als einige Krankheiten gegen den Widerstand vieler Unternehmer als Fälle für die Unfallversicherung anerkannt wurden. Die Arbeitgeber, Träger der Unfallversicherung, mussten nun arbeitsunfähigen Arbeitern eine Rente bezahlen. Die Beiträge zur Unfallversicherung bestritten die Arbeitergeber. Die Leistungen waren höher als die der gesetzlichen Invalidenversicherung.
Vor der 2. Berufskrankheiten-Verordnung von 1929 waren zum Beispiel die Infektion mit Malaria in tropischen Gewässern oder eine kohlenschwarze, kranke Lunge nach jahrelanger Arbeit unter Tage schlicht normale Berufsrisiken. Für andere Krankheiten wie Rheuma, das sich viele Eisenbahner in den Dampfloks mit ihren offenen Führerständen zuzogen, galt weiterhin: Der Arbeitgeber kann nichts dafür.
Die drei ausgewählten Krankheiten Malaria, Staublunge und Rheuma veranschaulichen die historischen Arbeitsbedingungen der Seeleute, Kumpel und Eisenbahner. Einzelschicksale zeigen auf, nach welchen grundlegenden Mechanismen die Sozialversicherung – die Kranken-, Invaliditäts- und Unfallversicherung – ab den 1880er-Jahren funktionierte. Dabei wird deutlich, dass trotz der Sozialversicherung das Risiko für die Arbeiter, mitsamt ihren Familien zu verarmen, weiterhin groß blieb. Entgegen den Befürchtungen der Unternehmer legten sich die Arbeiter nicht auf die faule Haut, nur weil es seit 1889 gesetzliche Renten gab.

Malaria

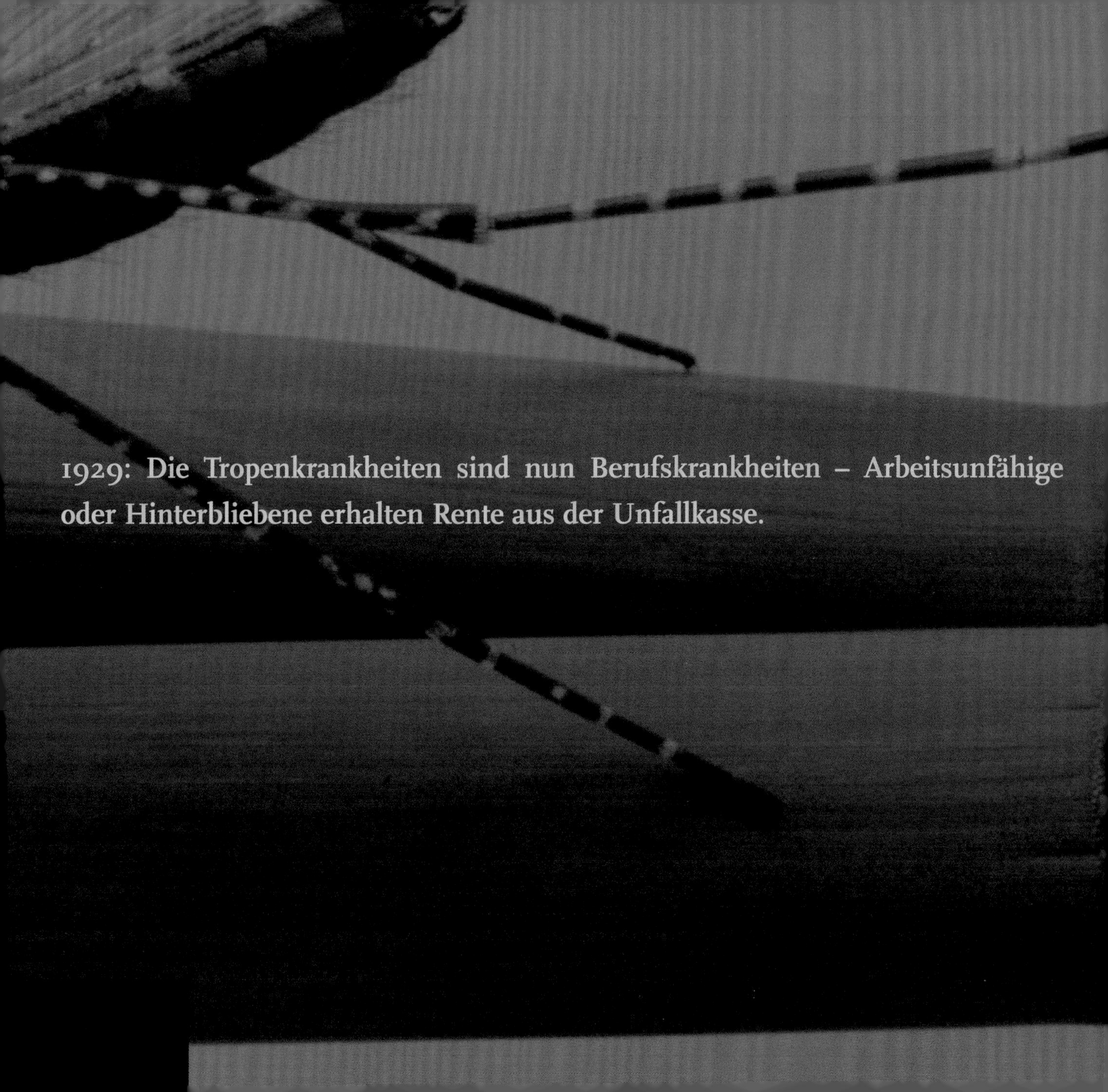

1929: Die Tropenkrankheiten sind nun Berufskrankheiten – Arbeitsunfähige oder Hinterbliebene erhalten Rente aus der Unfallkasse.

Malaria – eine seemännische Berufskrankheit

Malaria – eine seemännische Berufskrankheit

Seit man Mangelerkrankungen wie Skorbut weitgehend im Griff hatte, waren Infektionskrankheiten wie Malaria neben den Unfällen das größte Gesundheitsrisiko der Seeleute. Malaria war um 1900 die häufigste Tropenkrankheit. Laut dem renommierten Tropenarzt Bernhard Nocht waren damals von den Hamburger Schiffsbesatzungen im Tropenverkehr bis zu 80 Prozent mit Malaria infiziert.

Malaria ist eine Blutkrankheit, die von der Anopheles-Mücke übertragen wird. Die Krankheitserreger sind winzige Parasiten. Sie dringen in die roten Blutkörperchen ein und vermehren sich dort auf deren Kosten. Das typische Krankheitsbild sind Fieberanfälle, die mit der Vermehrung der Parasiten wiederholt auftreten. Das „Wechselfieber" kann, wenn eine Chinintherapie nicht wirkt, tödlich enden – nach wenigen Tagen oder erst nach vielen Jahren. Die Ärzte konnten Malaria relativ leicht feststellen: Vor allem an den Fieberkurven, am Blutbild und an der Wirkung von Chininpräparaten. Um eine Unfallrente zu erhalten, mussten manche Seeleute ärztlich herbeigeführte Anfälle auf sich nehmen, und sie mussten nachweislich dauerhaft arbeitsunfähig, von der Krankheit gezeichnet sein.

Die Tropenkrankheiten gehören zu den wenigen Krankheiten, die 1929 bereits als Berufskrankheiten und damit als Fälle für die Unfallversicherung anerkannt wurden. Dafür war es gleichgültig, ob die Ansteckung in tropischen Gebieten, vor allem in Westafrika und Westindien, oder in Europa stattgefunden hatte; auch hier bestand in manchen sumpfigen Gebieten noch Ansteckungsgefahr.

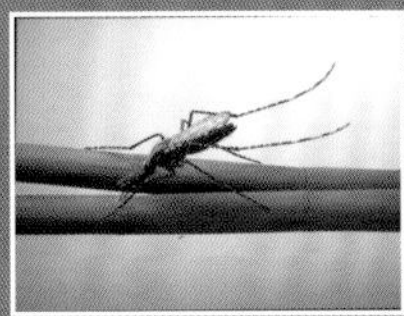

Anopheles-Mücke
Anopheles maculatus/Theobald, 1901
Modell: Helmut Riemann
Übersee-Museum Bremen

Nur weibliche Anopheles-Mücken übertragen Malaria. Das war im 19. Jahrhundert allgemein bekannt. Die Seeleute konnten die Stechmücken – bei genauerer Betrachtung – an ihren gefleckten Flügeln erkennen.
Ein weiteres Merkmal: Die Taster der Weibchen sind so lang wie der Stechrüssel. Besonders in tropischen und subtropischen Regionen gerieten Seeleute in Ansteckungsgefahr.
Die Erreger der Malaria, Plasmodien, kannte man seit 1880.

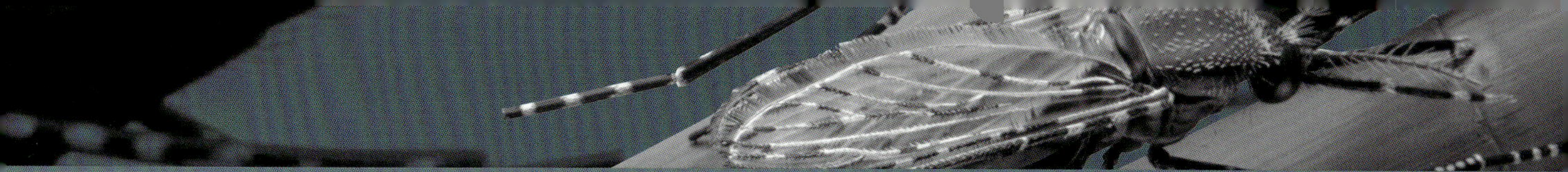

MALARIA – eine seemännische Berufskrankheit

Chininpräparat aus einer Bordapotheke, um 1900
„Bottle containing quinine, 19th century“
Deutsches Schiffahrtsmuseum Bremerhaven
ullstein bild/NSMI Science Museum

Chinarinde ist ein traditionelles Malariamittel. 1820 konnte der bittere Wirkstoff in Frankreich erstmals chemisch isoliert werden. Seither gab es unterschiedliche Chininpräparate. Chinin wirkt allgemein gegen Fieber und speziell gegen Malaria. Ab den 1920er-Jahren wurde auch die vorbeugende Chinintherapie üblicher; zudem waren auf den entsprechenden Linien nun öfter Ärzte an Bord.

Schiffsapotheke, 19. Jahrhundert
Deutsches Schiffahrtsmuseum Bremerhaven

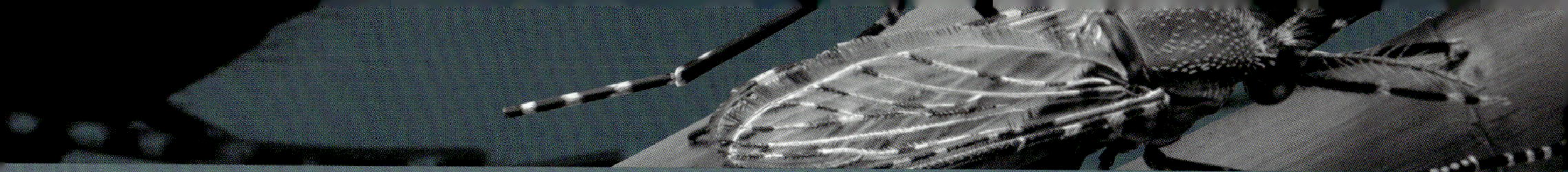

MALARIA – eine seemännische Berufskrankheit

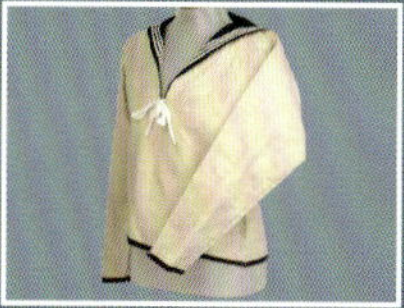

Tropenkleidung
Jacke einer Tropenuniform, NDL-Decksbesatzung, um 1930
Tropenhelm (Schilfausführung) der Schutztruppe Kamerun, um 1905
Deutsches Schiffahrtsmuseum Bremerhaven

Leicht, hell, dünn sollte sie sein, die Tropenkleidung für Matrosen. Relativ guten Malariaschutz bot sie nur, wenn sie den Körper engmaschig bedeckte, oft in Kombination mit Kopf- und Handnetzen. Am sichersten war man in gefährlichen Gebieten unter Deck in zwangsläufig stickigen Räumen unter Schutznetzen. Wer sich entgegen eindeutigen Verboten abends oder nachts auf Deck aufhielt oder gar an Land ging, war aus Versicherungssicht an einer Ansteckung selbst schuld.

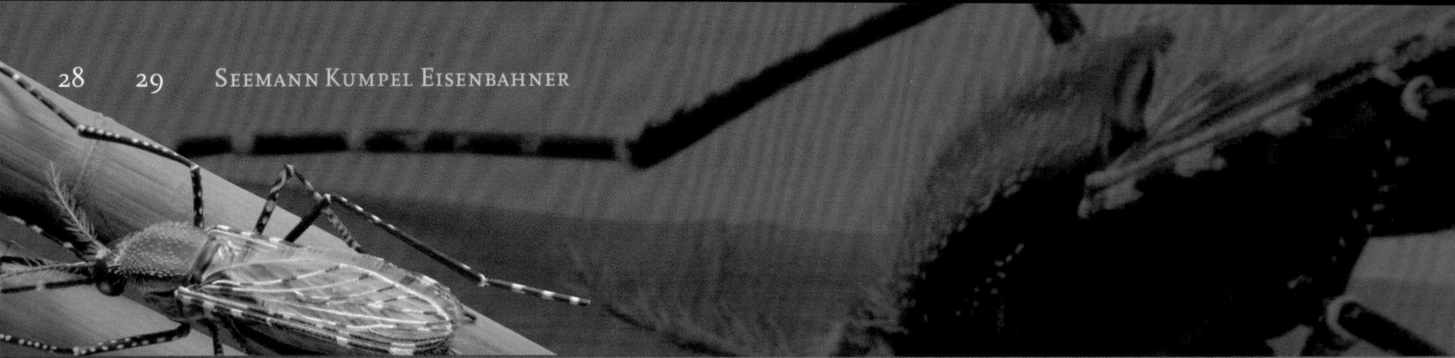

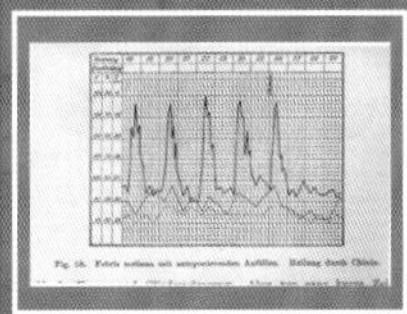

Wechselfieber
Mering: Lehrbuch der inneren Medizin (1911), S. 64

Die tropische Malaria verläuft typischerweise wie folgt: Nach 7 bis 14 Tagen kommt es zu ersten Fieberanfällen. Diese Anfälle verlaufen in drei Stadien: Auf Schüttelfrost folgt hohes Fieber bis 41° C, das sich durch heftiges Schwitzen senkt. Nach nur etwa einem Tag, an dem sich die Erreger erneut vermehren, kommt der nächste Anfall.
Die Häufigkeit der Anfälle hängt von der Art der Malaria und damit von den Vermehrungszyklen der Parasiten ab. Hat man mehrere Generationen der Erreger im Blut, kann jede Art der Malaria im Tagesrhythmus zuschlagen.
Chinin kann den Anfall unterbrechen, im besten Fall den Erreger nachhaltig hemmen und die Krankheit heilen.

DER FALL MÖHRING

Möhring, Hermann, Matrose,
* 15.1.1867, Flensburg, 2.9.1930 Malaria, † 24.9.1930
D[ampfer] „Marquardt Petersen“,
Marquardt Petersen Reederei G.m.b.H., Flensburg
See-Berufsgenossenschaft: Ehrenmal Deutscher Seeleute, 1939,
S. 258

Möhring, Hermann, Matrose, * 15. 1. 1867, Flensburg
2. 9. 1930 Malaria, † 24. 9. 1930 ⚓
D. „Marquardt Petersen“, Marquardt Petersen Reederei
[G. m. b. H., Flensburg

Der Fall Möhring

Der Flensburger Hermann Möhring war Matrose auf der Marquardt Petersen. Er erkrankte im Sommer 1930 an Malaria und starb kurz darauf. Weder über seine Person noch über seinen Versicherungsfall ist Näheres bekannt. Wenn man aber davon ausgeht, dass Möhring ganz normal versichert war und damit keine privaten oder Reederei-Zusatzversicherungen hatte, lässt sich an seinem Fall die Entwicklung der Sozialversicherung gut darstellen.

1880 Zeitschnitte

1880 wäre der kranke Matrose auf die Reederfürsorge angewiesen gewesen, wie sie die Seemannsordnung von 1872 regelte: Die Reederei hätte ihn im Ausland bis zu sechs Monate behandeln lassen und in den Heimathafen zurückbringen müssen. Solange er an Bord gewesen wäre, hätte sie ihm die Heuer bezahlt. Wäre er unterwegs gestorben, hätte seine Familie den Erlös aus dem Verkauf seiner Habseligkeiten und die Heuer mindestens bis zum Todestag erhalten.

Malaria – eine seemännische Berufskrankheit

Der Fall Hermann Möhring zeigt, dass die Bismarcksche Sozialgesetzgebung in der Seefahrts-Branche spät umgesetzt wurde. Die Seeleute hatten auf die gesetzliche Krankenversicherung von 1883 erst mit 45 Jahren Verspätung Anspruch. Viel mehr noch als die Anerkennung der Berufskrankheiten war die Einführung der See-Krankenkasse 1928 als Ersatz für die im Vergleich zur gesetzlichen Krankenversicherung unzureichende Reederfürsorge der wesentliche Fortschritt für Matrosen wie Möhring.

1910

1910 hätte Möhrings Familie eine Hinterbliebenenrente aus der 1907 gegründeten Seekasse erhalten, die zudem höher ausgefallen wäre als das 1884 im Unfallversicherungssgesetz festgelegte gesetzliche Minimum. Wäre er dauerhaft arbeitsunfähig gewesen, hätte ihm eine gesetzliche Invalidenrente zugestanden.

1930

1930 standen dem kranken Möhring Leistungen aus der 1928 gegründeten See-Krankenkasse zu. Wäre er länger als 13 Wochen arbeitsunfähig gewesen, hätte er Anspruch auf eine Rente aus der Unfallversicherung gehabt – Malaria war seit 1929 eine anerkannte Berufskrankheit. Nach Möhrings Tod musste die Seekasse seiner Familie eine Hinterbliebenenrente bezahlen.

FD MARQUARDT PETERSEN,
März 1927 im Flensburger Hafen bei der Ablieferung an die Reederei Marquardt Petersen
Flensburger Schiffahrtsmuseum

Die MARQUARDT PETERSEN lief in Flensburg im Januar 1927 für die junge gleichnamige Reederei vom Stapel. Auf diesem Dampfer war Hermann Möhring Matrose, als er 1930 an Malaria erkrankte und kurz darauf starb.

Literatur:

M. Bauer: Die Ausdehnung der Unfallversicherung auf Berufskrankheiten, 1929.
Ludolf von Krehl (Hg.): J. von Mering's Lehrbuch der inneren Medizin, 1911.
Karl Sannemann: Die Bedeutung der Tropenkrankheiten für die Schiffahrt, in: Archiv für Schiffs- und Tropenhygiene, Pathologie und Therapie exotischer Krankheiten, Bd. 29, 1925, S. 486–491.
Hans C. Schwick (Hg.): Tropenkrankheiten: Arbeitsmedizinische Aspekte. Zur Prävention und Therapie von Tropenkrankheiten bei Arbeitnehmern in Entwicklungsländern, 1988.

Malaria – eine seemännische Berufskrankheit

Achtung: Malariagefahr!
Woermann-Niederlassungen in Afrika, um 1900
Deutsches Schiffahrtsmuseum Bremerhaven

Die Hamburger Woermann-Linie baute seit den 1880er-Jahren Schiffsverbindungen nach Westafrika und an der dortigen Küste auf. Mit ihren Handelsniederlassungen und ihrem politischen Einfluss im Deutschen Reich war die Reederei einer der wichtigsten Stützpfeiler des deutschen Kolonialismus in Afrika. Die Schiffe aus Deutschland lagen in Ermangelung von Hafenanlagen meist vor der Küste auf Reede – dies reduzierte zugleich die Malariagefahr.

STAUBLUNGE

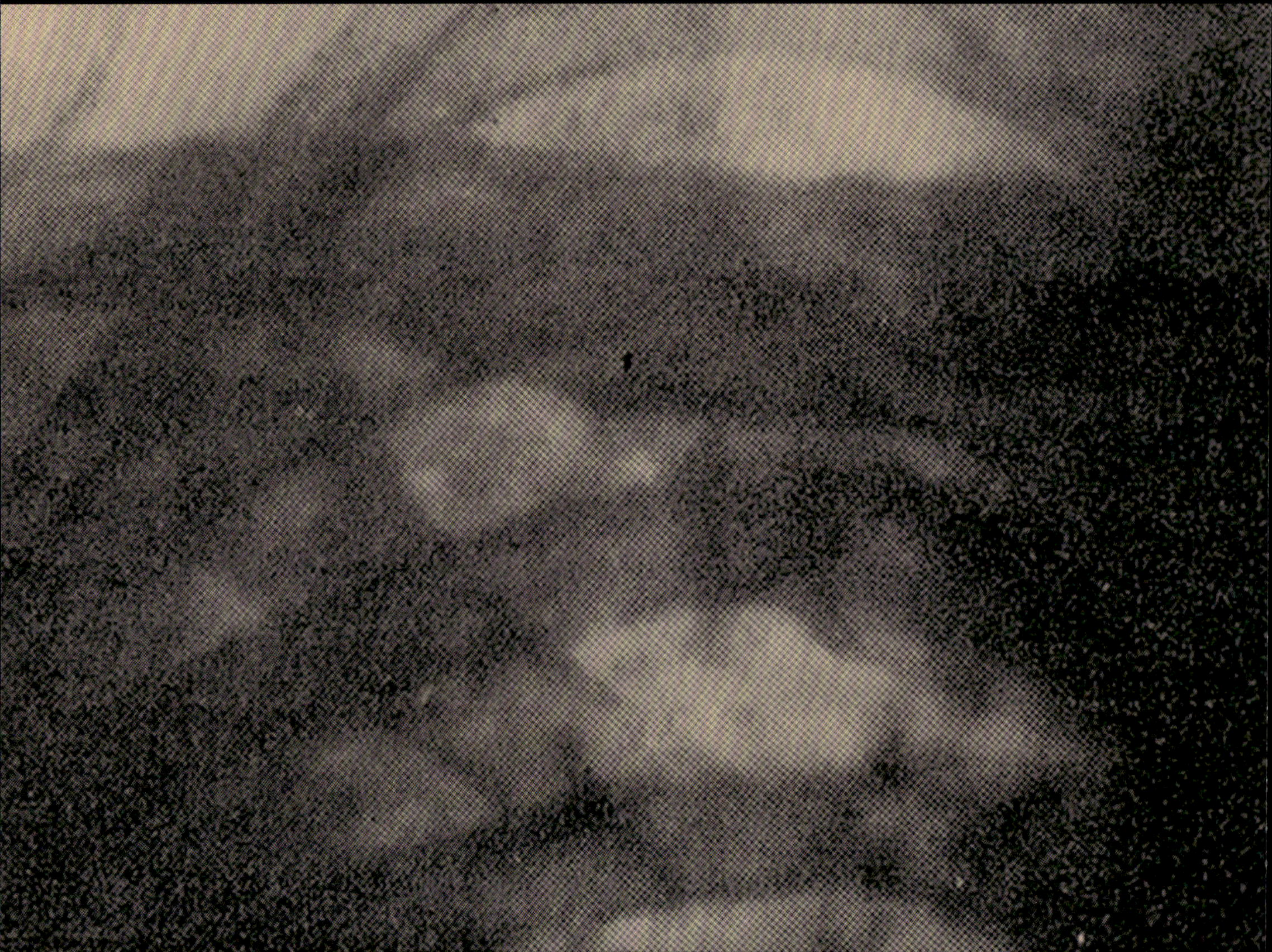

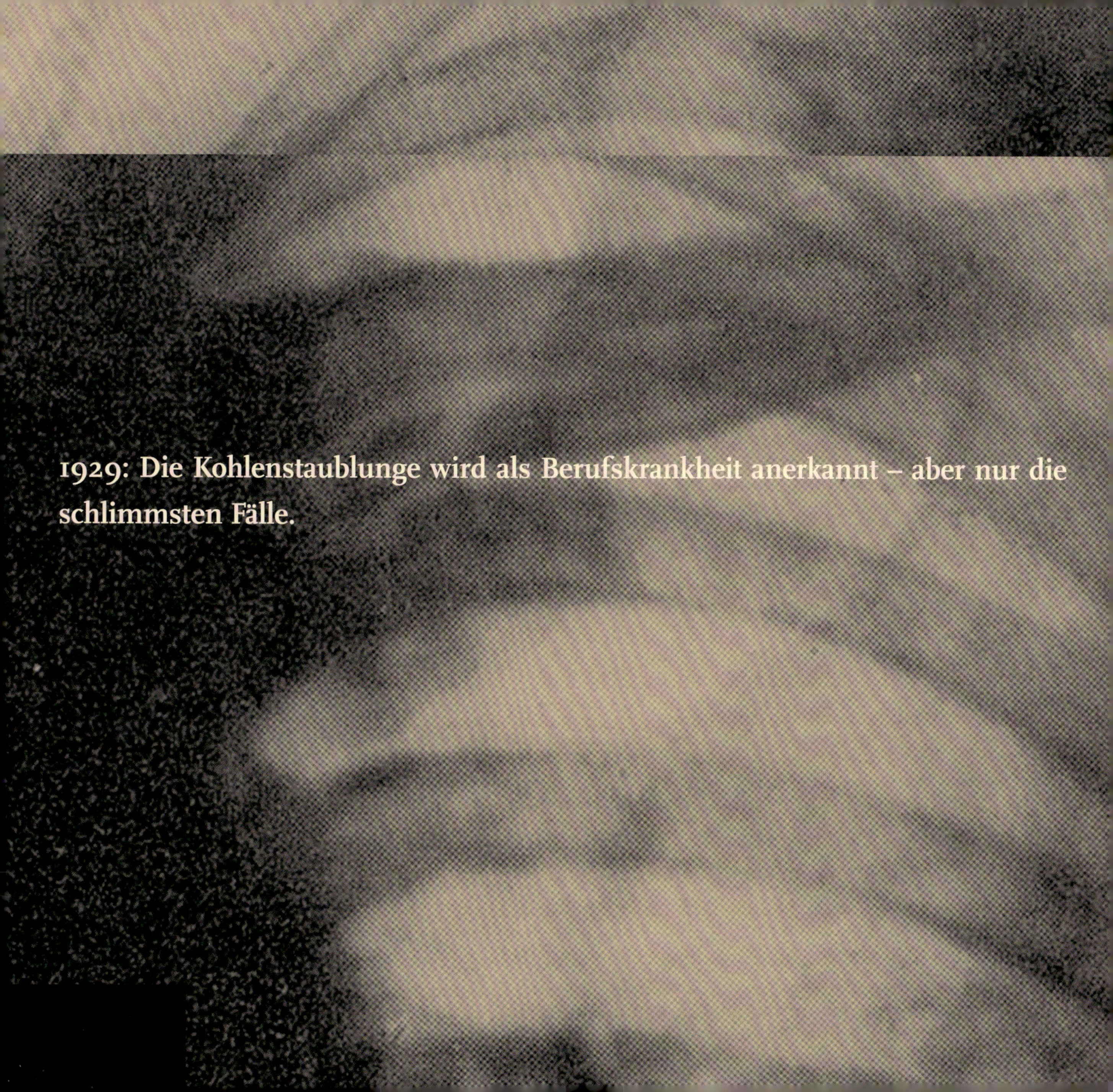

1929: Die Kohlenstaublunge wird als Berufskrankheit anerkannt – aber nur die schlimmsten Fälle.

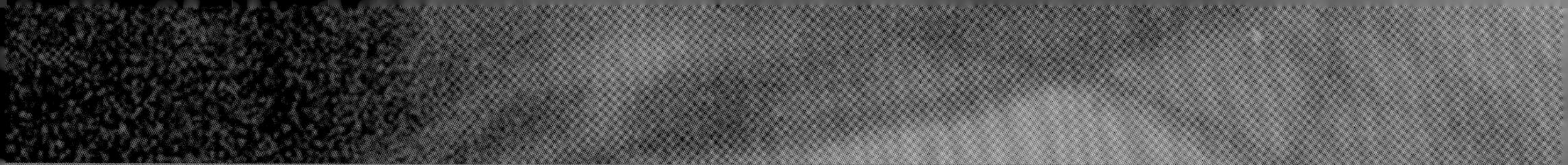

Staublunge – Berufsrisiko oder Versicherungsfall im Bergbau

Bergbau – das ist der Inbegriff von schwerer, schmutziger und gefährlicher Arbeit. Zu diesem Bild haben die elenden Lebensbedingungen der Kumpel und ihrer Familien in den Bergbauregionen der Industrialisierung genauso beigetragen wie zahlreiche tragische Grubenunglücke. Die täglichen, dauerhaften Belastungen am Arbeitsplatz hatten schon vor Jahrhunderten zu Debatten um Gesundheit und Sicherheit der Bergleute geführt.

Die Arbeit im Schacht war geprägt von Staub, Lärm, schlechter Beleuchtung, Feuchtigkeit, Temperaturschwankungen und Zugluft, und das bei körperlicher Schwerstarbeit in oft ungünstiger Körperhaltung. Dies führte bei vielen Kumpeln zu Gelenk- und Herzproblemen, Augen- oder Lungenkrankheiten. Ihre Lebenserwartung war insgesamt niedrig.

Die wohl typischste Bergmannskrankheit ist die Kohlenstaublunge. Man spricht von einer Anthrakosilikose, wenn sich – oft erst nach vielen Jahren – feine kieselsäurehaltige Kohlepartikel in den Bronchien und Lymphen festgesetzt haben und dort Knötchen und chronische Entzündungen verursachen. Die Lunge verfärbt sich schwarz. Die Betroffenen werden zunehmend kurzatmig und besonders anfällig für Lungenkrankheiten wie Tuberkulose.

Die Silikose gilt als die älteste Gewerbekrankheit der Welt. 1929 wurde sie als eine der ersten Krankheiten als Berufskrankheit anerkannt – wenn auch nur im nachweislich schwersten Stadium. Sie galt nun nicht mehr ausschließlich als Berufsrisiko. Die Staublunge kam auch bei Heizern vor, die über lange Zeit Ruß einatmeten.

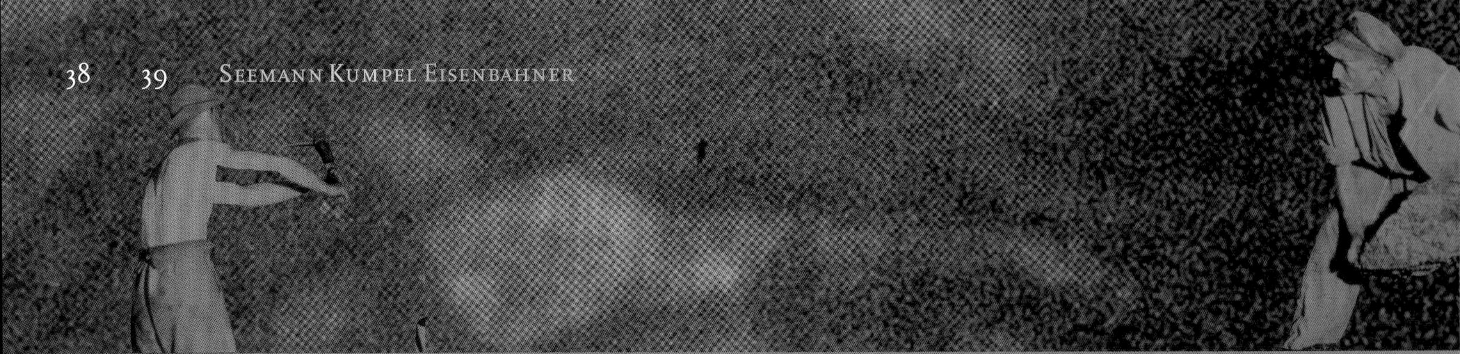

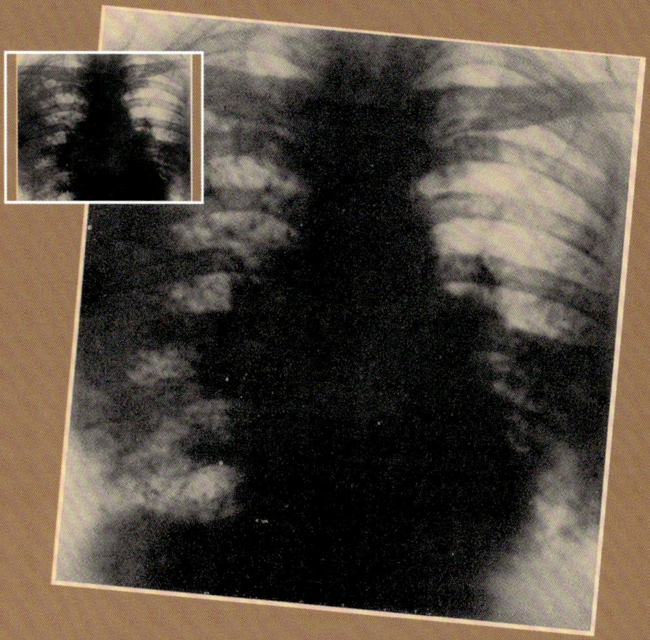

Röntgenbild der schweren Staublunge eines 45-jährigen Bergmanns, in: Erich Beintker: Die schwere Staublunge in der Versicherungsgesetzgebung, 1933

Der Fall eines anonymen Bergmanns

45 Jahre, 27 Jahre Bergmann, 2 Jahre vor Stein, 13 Jahre als Aufseher, arbeitet noch als Aufseher. Husten mit wenig Auswurf, Stiche im Rücken, Luftmangel.
Kräftig, gut ernährt. Nase frei. Temperatur 36,0°.
Brustumfang 96/99, Bauchumfang 93 cm. Die Lungengrenzen am Dornfortsatz des 7. Brustwirbels, gut verschieblich. Klopfschall nicht verändert, das Atemgeräusch ist über den Oberlappen etwas rau mit brummenden Geräuschen.
Herz nicht vergrößert, Herztöne leise, rein. Puls 78, Blutdruck 120/80, Atmung 18, nicht angestrengt, wird 13 Sekunden angehalten, dann tritt Beschleunigung des Herzschlages und Anschwellen der Armvenen auf.
Nach 10mal Bücken Puls 110, Atmung 20, Atemnot und Stauungen bestehen nicht.
Röntgenbefund (Knappschaft): Beide Lungenfelder sind dicht von feinfleckigen Verschattungen durchsetzt, die in den Seitenteilen deutlich dichter stehen und rechts, sowie im linken Mittellappen zusammenfließen. Das linke Oberfeld ist etwas aufgehellt. Beide Zwerchfellkuppen und Herzränder zeigen starke Verwachsungen. Eine Berufskrankheit wurde wegen der gut erhaltenen Funktion nicht angenommen. Silikose dritten Grades

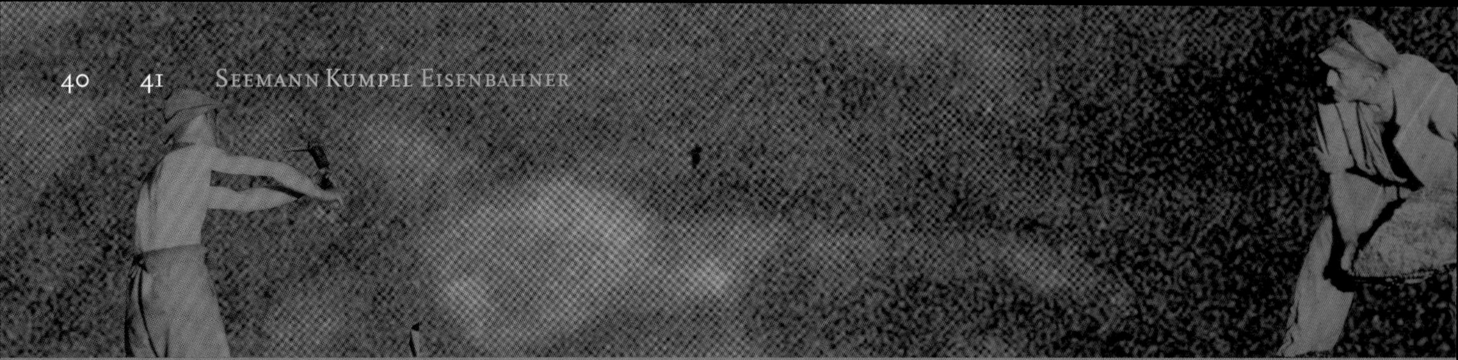

Der Gewerbearzt Erich Beintker führte in den 1920er-Jahren eine Studie zur Staublunge an 450 Arbeitern durch. Seine Absicht war es, die Schwierigkeiten bei der Diagnose herauszuarbeiten. Seine These lautete:

Nicht der – von anderen Ärzten als objektiv betrachtete – Röntgenbefund, sondern die tatsächliche Beeinträchtigung des Erkrankten sollte für die Anerkennung als Berufskrankheit den Ausschlag geben. Patienten wie der 45-jährige Bergmann wurden befragt, geröntgt und Lungenfunktionstests unterzogen. Eindeutige Versicherungsfälle waren für Beintker Kranke, die nicht nur über Kurzatmigkeit klagten, sondern diese auch im Test bewiesen: bei „Bläuung des Gesichtes und Atemnot".

1880 Zeitschnitte

Für einen arbeitsunfähigen Bergmann mit schwerer Staublunge bestand seit dem Preußischen Knappschaftsgesetz von 1854 das Recht auf Leistungen aus den Knappschaftskassen. Im Todesfall gab es eine Hinterbliebenenrente.

Staublunge – Berufsrisiko oder Versicherungsfall im Bergbau

Die Anerkennung der Staublunge als Berufskrankheit im Jahr 1929 bedeutete eine bessere finanzielle Absicherung der Bergleute und ihrer Familien: Es bestand nun die – wenn auch sehr zögerlich umgesetzte – Möglichkeit, die schwersten Fälle als Unfallopfer zu verrenten. An einer Kohlenlunge zu leiden und zu sterben galt nun nicht mehr als normales Berufsrisiko.

1910

Seit 1889 waren die Arbeiter alters- und invalidenversichert. Die Knappschaftskassen übernahmen diese gesetzlichen Aufgaben. Trotzdem verarmten viele arbeitsunfähige Bergleute und ihre Familien.

1930

Bei einer diagnostizierten schweren Staublunge (III. Grad) konnte die Erkrankung seit 1929 als Berufskrankheit gelten. Falls eine entsprechende ärztliche Meldung vorlag, erhielt der 45-jährige Bergmann eine Rente aus der Unfallversicherung, die mit bis zu zwei Dritteln des letzten Einkommens höher ausfiel als die gesetzliche Invalidenrente.

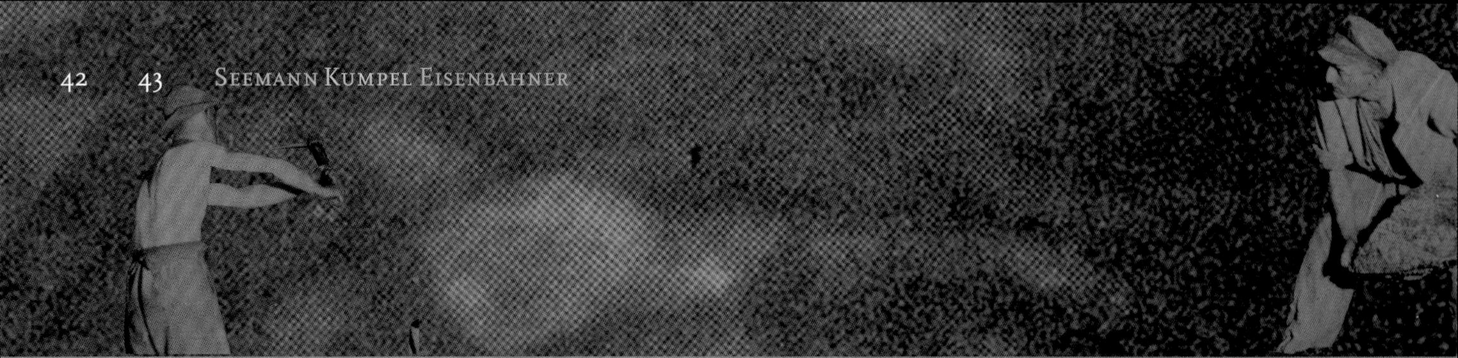

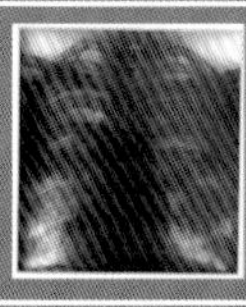

„Verschattungen“ in der Lunge:
Beweismaterial für die Versicherung
Röntgenbild einer Staublunge, in Franz M. Groedel (HG.): Lehrbuch und Atlas der Röntgendiagnostik in der inneren Medizin und ihren Grenzgebieten, 1924, Abb. 167

Wilhelm Conrad Röntgen gelang 1895 die erste Aufnahme mit sogenannten X-Strahlen, die nach ihm Röntgenstrahlen genannt wurden. Röntgenbilder von Staublungen gab es erstmals 1917 in den USA.

Um gegenüber der Versicherung eine berufsbedingte Silikose-Erkrankung nachzuweisen, bedurfte es ab 1929 des Nachweises einer starken gesundheitlichen Beeinträchtigung, Funktionsstörung genannt, und eines klinischen Befundes mit Röntgenbild. Eine Entschädigung war nur möglich bei einer Silikose im III., fortgeschrittensten Stadium. Die Anerkennung als Berufskrankheit regte die wissenschaftliche Erforschung der Silikose an sowie die internationale Festlegung der drei Schweregrade.

Staublunge – Berufsrisiko oder Versicherungsfall im Bergbau

Berufskrankheiten und ihre Meldeverfahren
Ärztliche Anzeige über eine Berufskrankheit, in: Ernst W. Baader: Gewerbekrankheiten, 1931

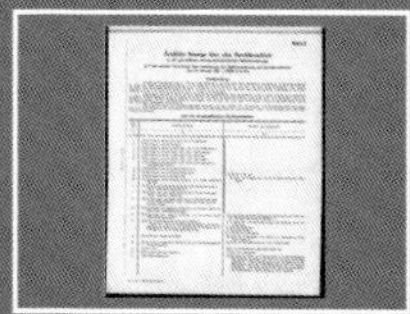

Wenn eine schwere Staublunge festgestellt war, sah der Gesetzgeber seit 1929 eine Meldung an das zuständige Versicherungsamt und den Versicherungsträger vor. Zuständig dafür waren nicht wie bei Unfällen die Unternehmer, sondern die Betriebsärzte. Weil sie bei den Unternehmern in Lohn und Brot standen, die die Unfallversicherung trugen, waren Konflikte vorprogrammiert. Auch fehlten vielen Ärzten die nötige Erfahrung mit dem Krankheitsbild. In den ersten Jahren nach der „Verordnung über Ausdehnung der Unfallversicherung auf Berufskrankheiten" fanden – entgegen den Befürchtungen der Unternehmer und Berufsgenossenschaften – nur vereinzelte Fälle Anerkennung.

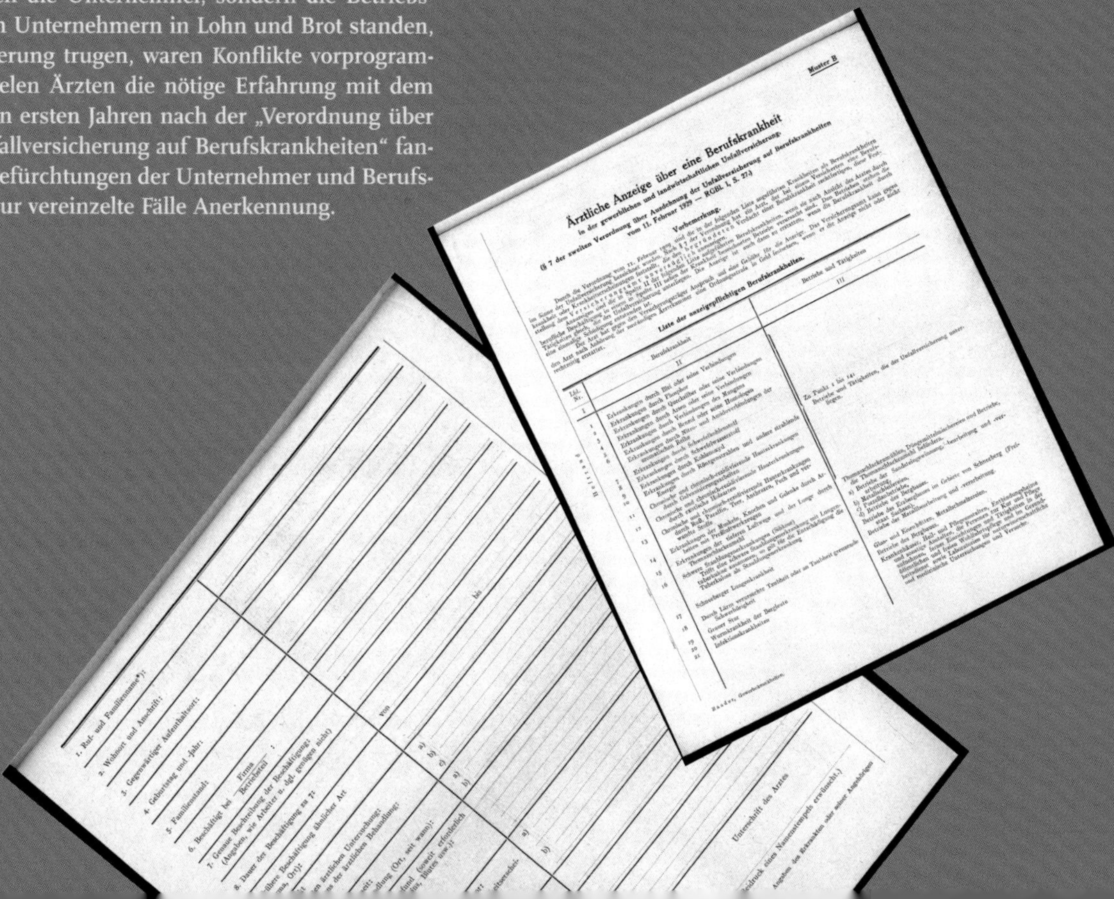

Muster B

Ärztliche Anzeige über eine Berufskrankheit
in der gewerblichen und landwirtschaftlichen Unfallversicherung.
(§ 7 der zweiten Verordnung über Ausdehnung der Unfallversicherung auf Berufskrankheiten vom 11. Februar 1929 — RGBl. I, S. 27.)

Vorbemerkung.

Liste der anzeigepflichtigen Berufskrankheiten.

Berufskrankheit II

Betriebe und Tätigkeiten III

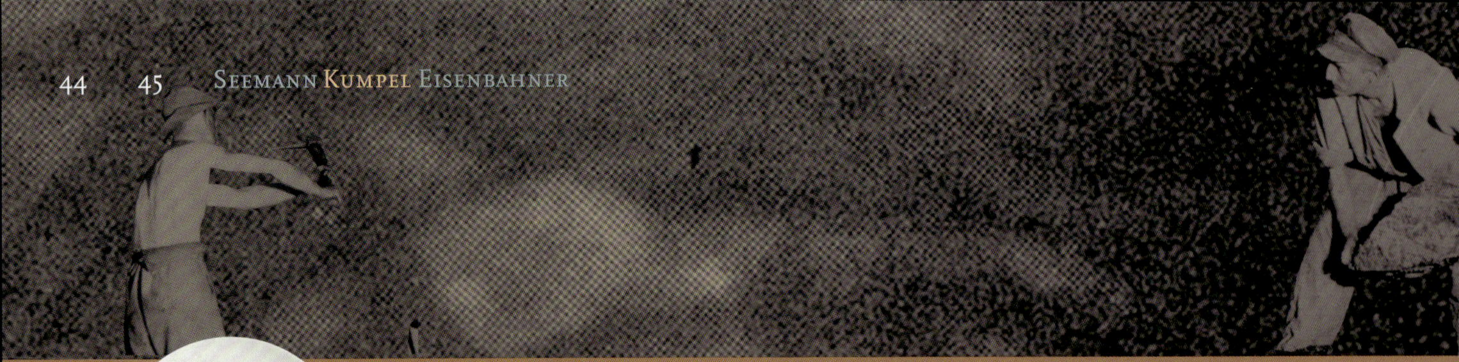

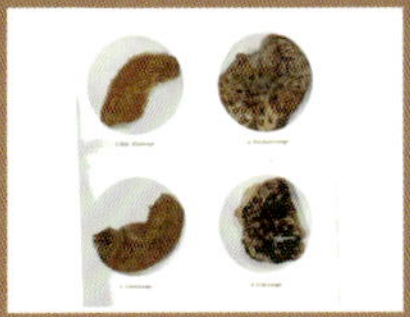

Staublunge anschaulich: Lungenpräparate
Präparate der Sammlung des K. Arbeitermuseums in München, in: Handwörterbuch der Sozialen Hygiene, Leipzig 1912, S. 516

Vor allem Arbeitsmediziner erforschten zu Beginn des 20. Jahrhunderts intensiv die Staublunge. Viele verbanden mit ihrer Arbeit auch ein sozialpolitisches Engagement. Sie wollten die Gesellschaft auf die Lebensbedingungen der Arbeiter aufmerksam machen und damit zu deren Verbesserung beitragen. Es gab aber auch sozialdarwinistische Forderungen nach einer verstärkten „Auslese“ der Arbeiter: Wer nicht arbeiten konnte, sollte demnach möglichst nicht eingestellt oder entlassen werden.
Die Lungenpräparate dienten in der Kaiserzeit als Anschauungsmaterial und wurden in einem Lexikonartikel zum Thema „Staub und Beruf“ 1912 abgebildet.

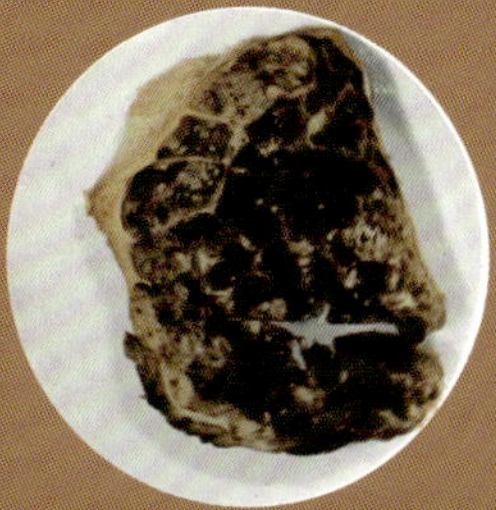

STAUBLUNGE – Berufsrisiko oder Versicherungsfall im Bergbau

Schutz?
Respiratoren für Staub-Arbeiter, in: Handwörterbuch der Sozialen Hygiene, Leipzig 1912, S. 530

Atemschutzmasken waren im Bergbau nicht gebräuchlich. Nach Möglichkeit wurde schon im vormodernen Bergbau für Belüftung und Erhöhung der Luftfeuchtigkeit gesorgt. Der Schutz der Arbeiter vor staubbedingten Lungenkrankheiten bestand für die Zeitgenossen im Wesentlichen darin, potenziell gefährdete Bergleute nicht oder nicht mehr zu beschäftigen, sowie in der Durchführung medizinischer Untersuchungen. Dazu kamen Forderungen der Gewerkschaften nach verbesserten Regelungen der Arbeitszeit und des Urlaubs und nach Umsetzung von Arbeitsschutz-Maßnahmen.

Als 1929 die Staublunge den Status der Berufskrankheit erhielt, gründete die Bergbau-Berufsgenossenschaft in Bochum die „Hauptstelle für Bohrstaubschutz". Es gehörte nun zu ihren Aufgaben, Vorschriften zur Krankheitsverhütung in den Zechen durchzuführen. Zudem hatte sie ein verstärktes wirtschaftliches Interesse an der bergmännischen Gesundheit.

Abb. 113. Respiratoren für Staub-Arbeiter.

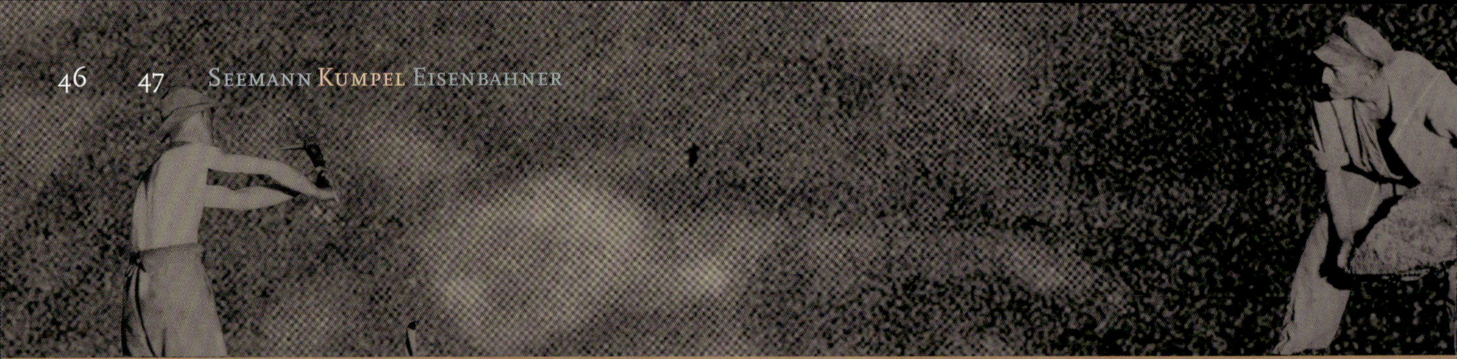

Bergmann mit Abbauhammer vor Ort, um 1925
Deutsches Bergbau-Museum Bochum

Bergleute der Zeche Blankenburg im Hammerthal, 1919
Deutsches Bergbau-Museum Bochum

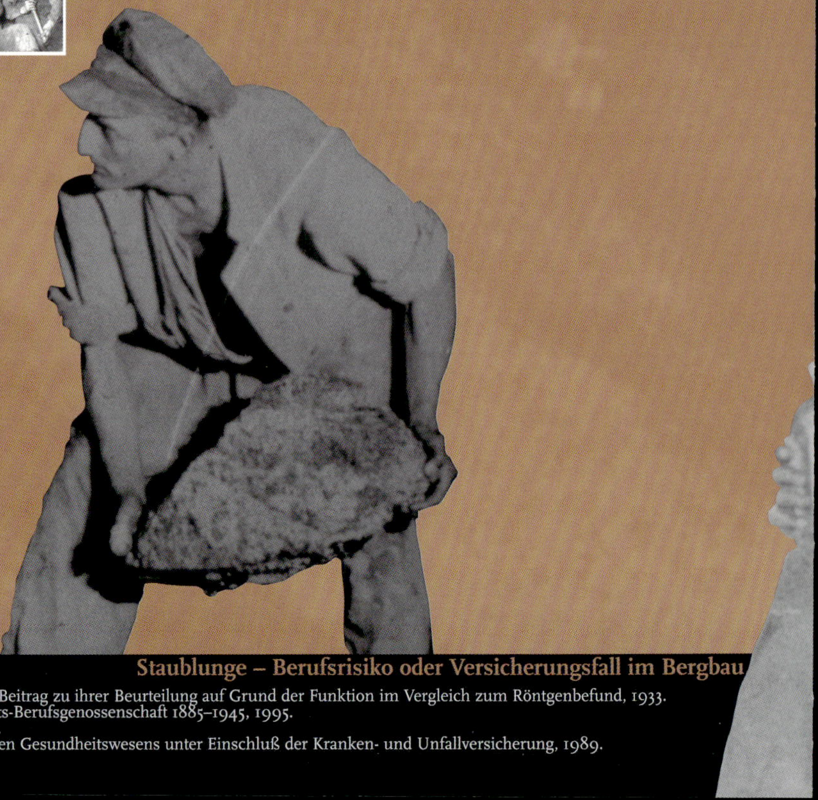

Staublunge – Berufsrisiko oder Versicherungsfall im Bergbau

Literatur:
Erich Beintker: Die schwere Staublunge in der Versicherungsgesetzgebung. Ein Beitrag zu ihrer Beurteilung auf Grund der Funktion im Vergleich zum Röntgenbefund, 1933.
Josef Boyer: Unfallversicherung und Unternehmer im Bergbau. Die Knappschafts-Berufsgenossenschaft 1885–1945, 1995.
Alfred Grotjahn, Ignaz Kaup (Hg.): Handwörterbuch der sozialen Hygiene, 1912.
Elmar Menzel: Bergbau-Medizin einst und jetzt. Entwicklung des bergmännischen Gesundheitswesens unter Einschluß der Kranken- und Unfallversicherung, 1989.

STAUBLUNGE – Berufsrisiko oder Versicherungsfall im Bergbau

Bergleute vor Ort, um 1925
Deutsches Bergbau-Museum Bochum

Kohlenhauer vor Ort auf der Zeche Blankenburg im Hammerthal, um 1894
Deutsches Bergbau-Museum Bochum

Butterpause mit Schnupftabak unter Tage, undatiert
Deutsches Bergbau-Museum Bochum

RHEUMA

Die Wissenschaft hat erkannt: Der Arbeitsplatz Lok ist ungesund – Rheumatiker werden aber verspottet.

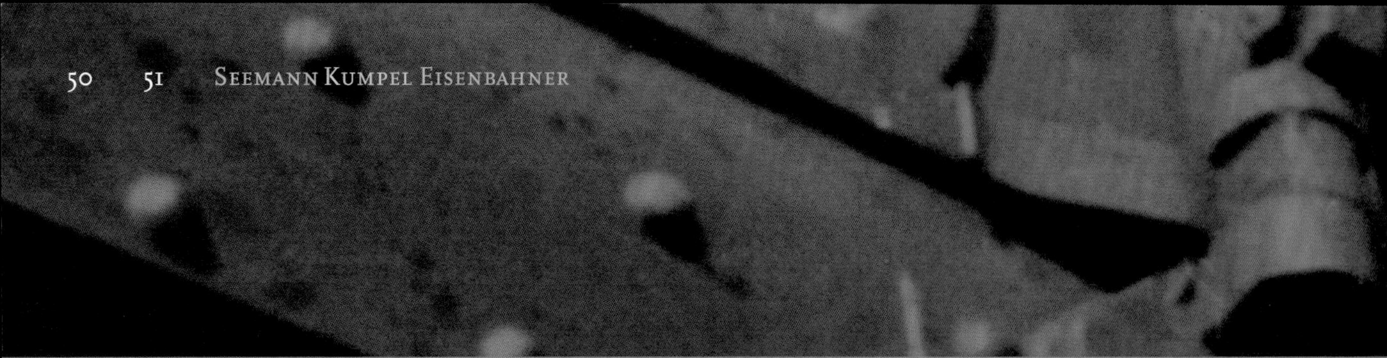

Ob und wieweit die Erkrankung an chronischem Muskelrheumatismus mit dem Alkoholismus in Verbindung steht, erscheint vorläufig noch als offene Frage, doch scheint es, als wenn mit der Abnahme des Alkoholismus auch der Rheumatismus in geringerer Zahl auftritt.
Weyl: Handbuch der Arbeiterkrankheiten, 1908, S. 595

Die Lokomotivführer sind den größten Temperaturschwankungen und starker Zugluft ausgesetzt, wodurch Erkältungen und chronischer Muskel- oder Gelenkrheumatismus bei ihnen als Gewerbekrankheit auftreten.
Meyers Konversationslexikon, 1888

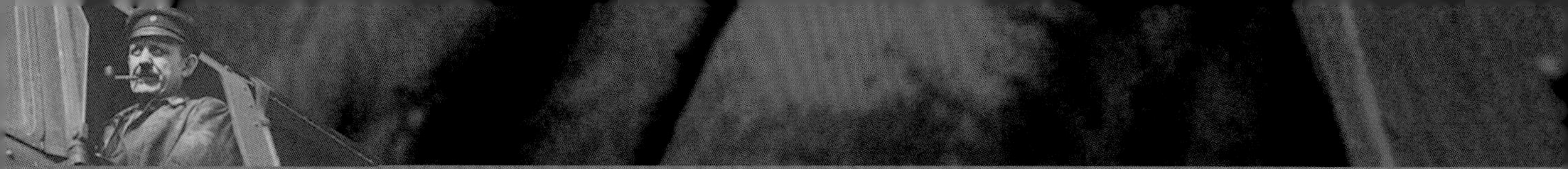

Rheuma – Gesundheitsgefahr oder Simulantentum im Bahnwesen

Auch die Eisenbahner gingen um 1900 einer ausgesprochen ungesunden Arbeit nach. Nicht nur Verletzungen durch Unfälle spielten dabei eine Rolle. Ruß, Hitze und Zugluft in den offenen Loks führten häufig zu Erkrankungen der Atemwege. Tuberkulose war weit verbreitet. Das Seh- und Hörvermögen nahm bei vielen Eisenbahnern im Lauf ihrer Dienstjahre ab. Erschütterungen während der Fahrt auf den Schienen galten als Auslöser für verschiedene Nerven- und Rückenmarkserkrankungen. Nicht wenige Eisenbahner zogen sich dauerhafte Probleme mit dem Bewegungsapparat zu.

Rheuma wurde anders als verschiedene chronische Vergiftungen, Tropenkrankheiten oder die Staublunge nicht als Berufskrankheit anerkannt. Ganz im Gegenteil: Wer unter Rheuma litt, wurde nicht selten als Alkoholiker oder Simulant diffamiert. Im 19. Jahrhundert hatte sich zwar herausgestellt, dass Rheuma, dessen Symptome man schon lange kannte, ein entzündlicher Prozess ist. Um 1900 war „Rheuma“ aber noch ein Sammelbegriff für eine Vielzahl nicht näher erklärbarer Beschwerden. Die Behandlungsmöglichkeiten blieben beschränkt: Massagen, Bäder, Einreibungen, in schwereren Fällen die Gabe von Morphium. Als Neuerungen kamen die Pharmaprodukte Chinin und Aspirin dazu.

Viele Eisenbahner arbeiteten trotz akuten oder chronischen Beschwerden weiter. Seit 1887 war die Invalidität zwar gesetzlich versichert, aber die Gefahr, ohne Arbeit zu verarmen, war weiterhin sehr hoch.

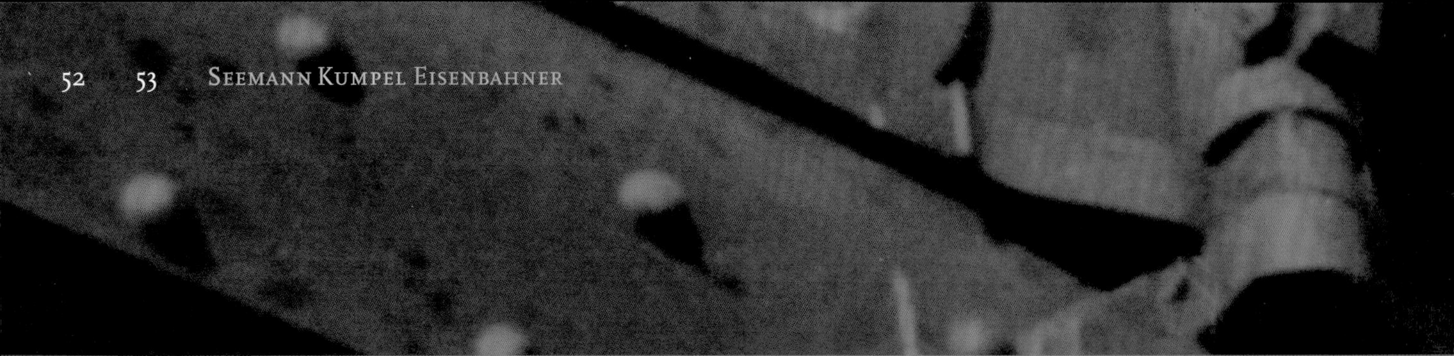

Heizer, 1937
ullstein bild – Fritz Eschen

Rheuma – Gesundheitsgefahr oder Simulantentum im Bahnwesen

Die Lok – ein zugiger Arbeitsplatz

Lok- und Eisenbahnpersonal war noch bis weit in das 20. Jahrhundert hinein ungesunden Arbeitsbedingungen ausgesetzt: der Hitze der Dampfmaschine, der kalten Fahrtluft, dem Ruß, unhygienischen Übernachtungsmöglichkeiten und unzureichender Verpflegung in den Bahnhöfen. Dazu kamen oft unregelmäßige und lange Schichten. Erste Statistiken aus der Zeit um 1900 gingen davon aus, dass etwa die Hälfte des Lokpersonals chronisch krank war. Die Anerkennung der (Teil-)Invalidität, wenn sie denn erfolgte, bedeutete jedoch deutliche Verdiensteinbußen. Vielen Arbeitsunfähigen diagnostizierte man zudem „Seelenstörungen“.

Schnellzuglok Hannover 932, Bahnhof Hildesheim, um 1910
Deutsche Gesellschaft für Eisenbahngeschichte

Lok S 1 Magdeburg 29, um 1910
Deutsche Gesellschaft für Eisenbahngeschichte

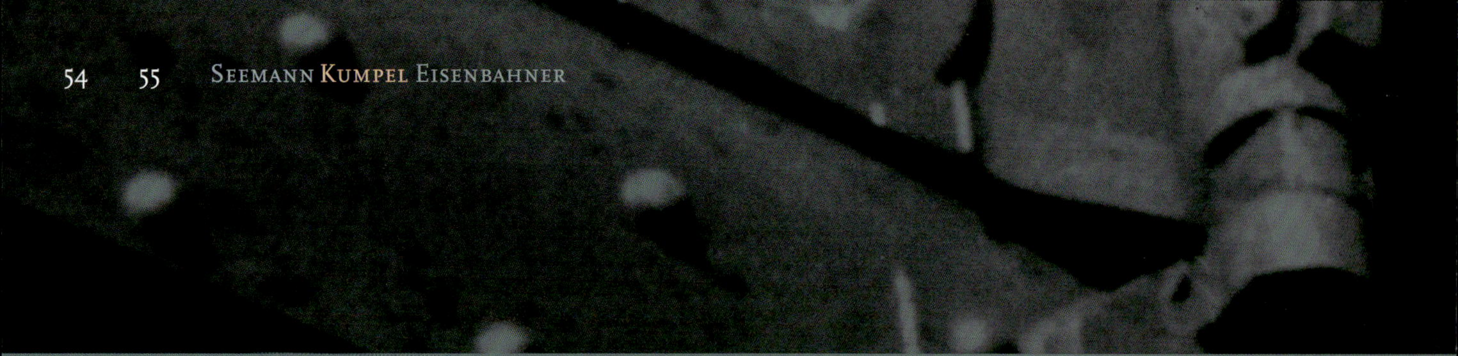

Güterzuglok 4572 Essen G 7.1 mit Betriebsarbeitern und niederen Beamten, Hamm, um 1910
Markus Meinold

Wagenunterhaltungs-Personal, Hamm, ca. 1910
Markus Meinold

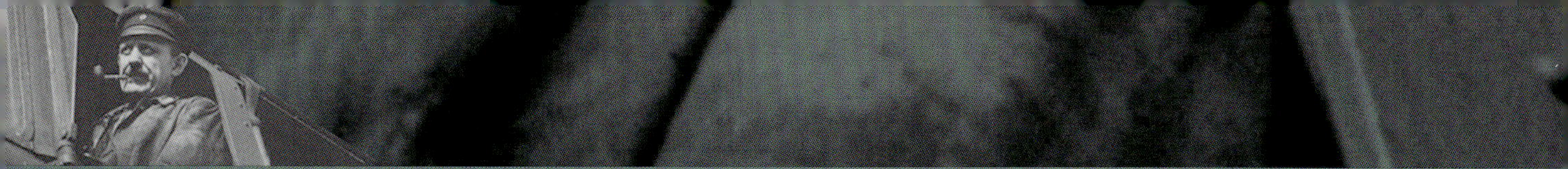

RHEUMA – Gesundheitsgefahr oder Simulantentum im Bahnwesen

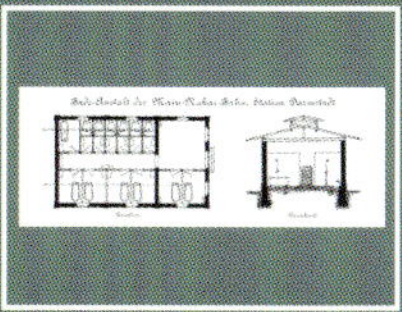

Gesundheitsfürsorge im Bahnhof
Bade-Anstalt der Main-Neckar-Bahn, in: Das Arbeiter-Brausebad,
Broschüre der Firma H. Schaffstaedt, 1904
Stiftung Deutsches Technikmuseum Berlin

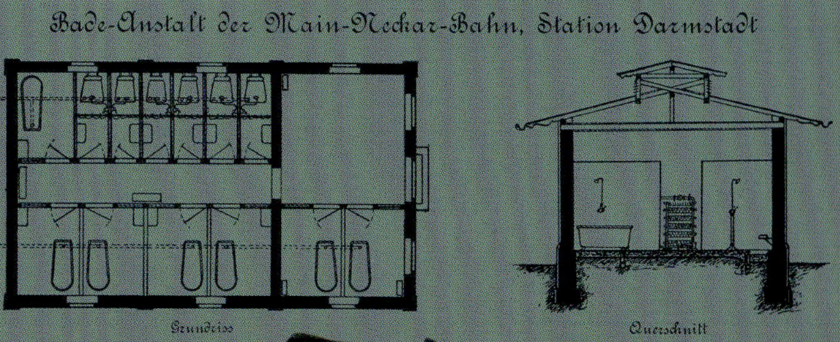

Arbeitsmedizin und Arbeitshygiene spielten in der Kaiserzeit eine immer wichtigere Rolle. Neben zahlreichen neuen Vorschriften und Verordnungen gab es zunehmend konkrete Angebote für die Hygiene und Gesundheit der Arbeiter. Als großer Fortschritt im Bahnwesen galten im ausgehenden 19. Jahrhundert Kantinen, saubere und relativ ruhige Schlafgelegenheiten und Brause- und Wannenbäder in den Bahnhöfen. Mit Badeeinrichtungen sollten auch Krankheiten der Atmungsorgane und Rheuma verhindert oder gelindert werden.

Aspirin
Bayer Business Services GmbH,
Corporate History & Archives

Acetylsalicylsäure, seit über hundert Jahren bekannt als Aspirin, wirkt schmerzstillend, fiebersenkend, entzündungshemmend und antirheumatisch. Seit 1899 fand es gegen akuten Gelenkrheumatismus Verwendung. Für das diffuse Krankheitsbild von Rheuma war Aspirin jahrzehntelang fast das einzige Medikament.

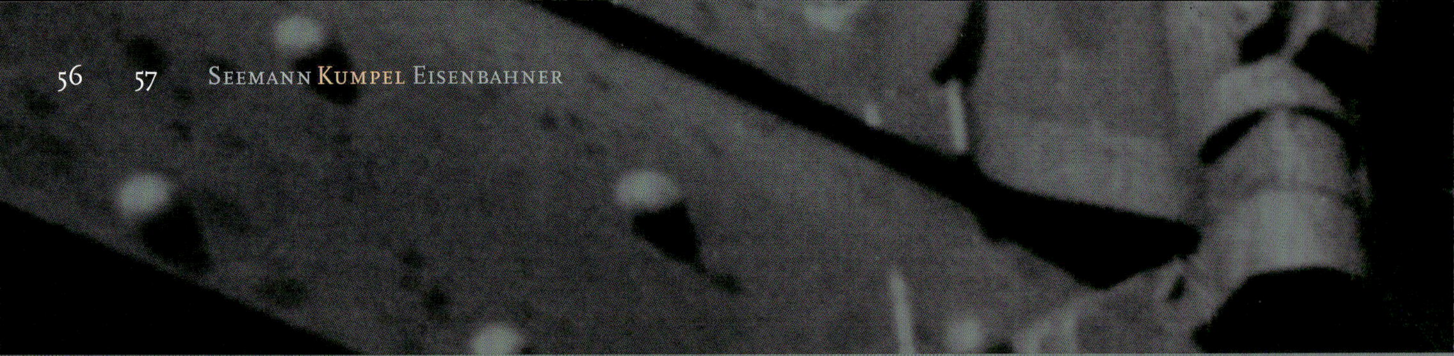

Funktionskleidung für Eisenbahner: wenig Schutz vor Hitze und Zugluft
Eisenbahnmuseum Alter Bahnhof Lette (Kr. Coesfeld)

Das Lokpersonal finanzierte seine Kleidung, abgesehen von der Winterbekleidung, selbst. Vorgeschrieben waren eng anliegende Kleidung mit einer schwer entflammbaren Joppe mit hohem Kragen sowie hohe Stiefel, die man über der Hose trug. Nach 1900 sah man immer weniger einfache Arbeitskittel und immer häufiger Uniformen.

Rheuma – Gesundheitsgefahr oder Simulantentum im Bahnwesen

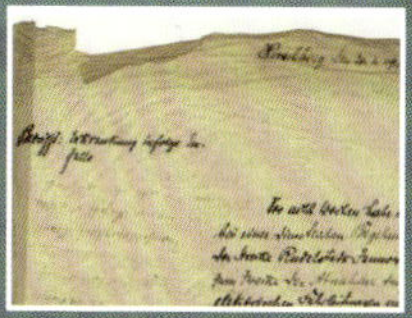

Rheuma als Unfallfolge?
Begleitschreiben zu einer Unfallanzeige an die Eisenbahndirektion Breslau, 20. Januar 1920
Stiftung Deutsches Technikmuseum Berlin

Rheuma spielte in den zeitgenössischen Geschäftsgängen der Unfallversicherung, die 1929 für bestimmte Berufskrankheiten zuständig wurde, keine nennenswerte Rolle. Ein Ausnahmefall ist die Meldung einer „Erkrankung infolge Unfalls" des Regierungsbaumeisters Hollerth an die Eisenbahndirektion in Breslau im Januar 1920. Er berichtet, zwei Monate zuvor bei einem Kontrollgang auf den Schienen ausgerutscht und auf Arm und Hinterkopf gefallen zu sein. Beschwerden in der Schulter führten ihn zum Arzt, der ihm eine „rheumatische Entzündung" bescheinigte.
Aus dem Schreiben geht nicht hervor, was der Autor damit bezweckte: Er erklärte, weiterhin arbeiten zu können. Was waren seine Erwartungen an die Bahndirektion?
Was wäre mit Hollerth passiert, hätte er seine Berufstätigkeit aussetzen müssen?

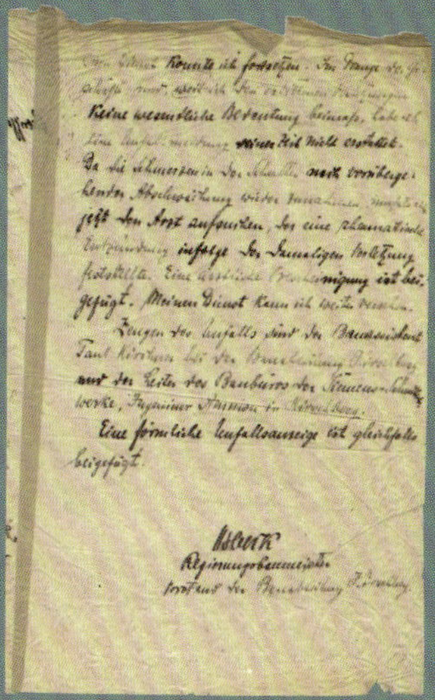

DER FALL HOLLERTH

1880 Zeitschnitte

Unfälle, die der Arbeitnehmer nicht selbst verschuldet hatte, fielen unter die Haftung des Unternehmers: Dies regelte 1871 das Reichshaftpflichtgesetz. Erkrankungen, die nicht unmittelbare Folge des Unfalls waren, betraf dies nicht. Versuchte Hollerth demnach, die Breslauer Bahndirektion davon zu überzeugen, dass seine Schulterprobleme eine direkte Unfallfolge waren? Rheuma als Diagnose war damals allerdings ein schwaches Argument.
Seit 1859 hatten die Bahnanstalten Einheitskassen, die gegen Invalidität, Alter und Krankheit absicherten und Hinterbliebenenrenten ermöglichten. Hollerth hätte aus seiner Einheitskasse entsprechende Leistungen beziehen können.

Literatur:

Otto Dornblüth: Kompendium der inneren Medizin für Studierende und Ärzte, 1903.
Markus Meinold: Die Lokomotivführer der Preußischen Staatseisenbahn 1880–1914, 2008.
Johannes Rigler: Die im Eisenbahndienst vorkommende Berufskrankheit und Mittel zu ihrer Abhilfe, 1880
Theodor Weyl: Handbuch der Arbeiterkrankheiten, 1908.

Rheuma – Gesundheitsgefahr oder Simulantentum im Bahnwesen

Dass Hollerth den Unfall in den Vordergrund stellte, nicht die Rheumadiagnose, hatte gute Gründe: Ein konkreter Unfall bot 1920 die Chance, für ein gesundheitliches Problem Gehör zu finden. Eine chronische Krankheit dagegen galt noch als allgemeines Berufsrisiko, der Zusammenhang mit der Arbeit als versicherungsrechtlich nicht nachweisbar.

1910

Ab 1883 beziehungsweise 1884 galten auch für Eisenbahner die neuen Regelungen der gesetzlichen Kranken- und Unfallversicherung. Die bestehenden Bahnversicherungen übernahmen diese neuen Versicherungen. Ihre Leistungen waren dabei höher als das gesetzliche Minimum. Hollerth hätte im Krankheitsfall 13 Wochen lang Unterstützung zugestanden. Im Invaliditätsfall hätte er seit 1889 gesetzlichen Anspruch auf Leistungen aus der Alters- und Invalidenversicherung gehabt. Auch hier boten die Bahnbetriebe Sonderleistungen.

1930

1930 hätte sich für den rheumakranken Baumeister nichts Wesentliches geändert: Rheuma galt nicht als Berufskrankheit.

Arbeitsunfälle

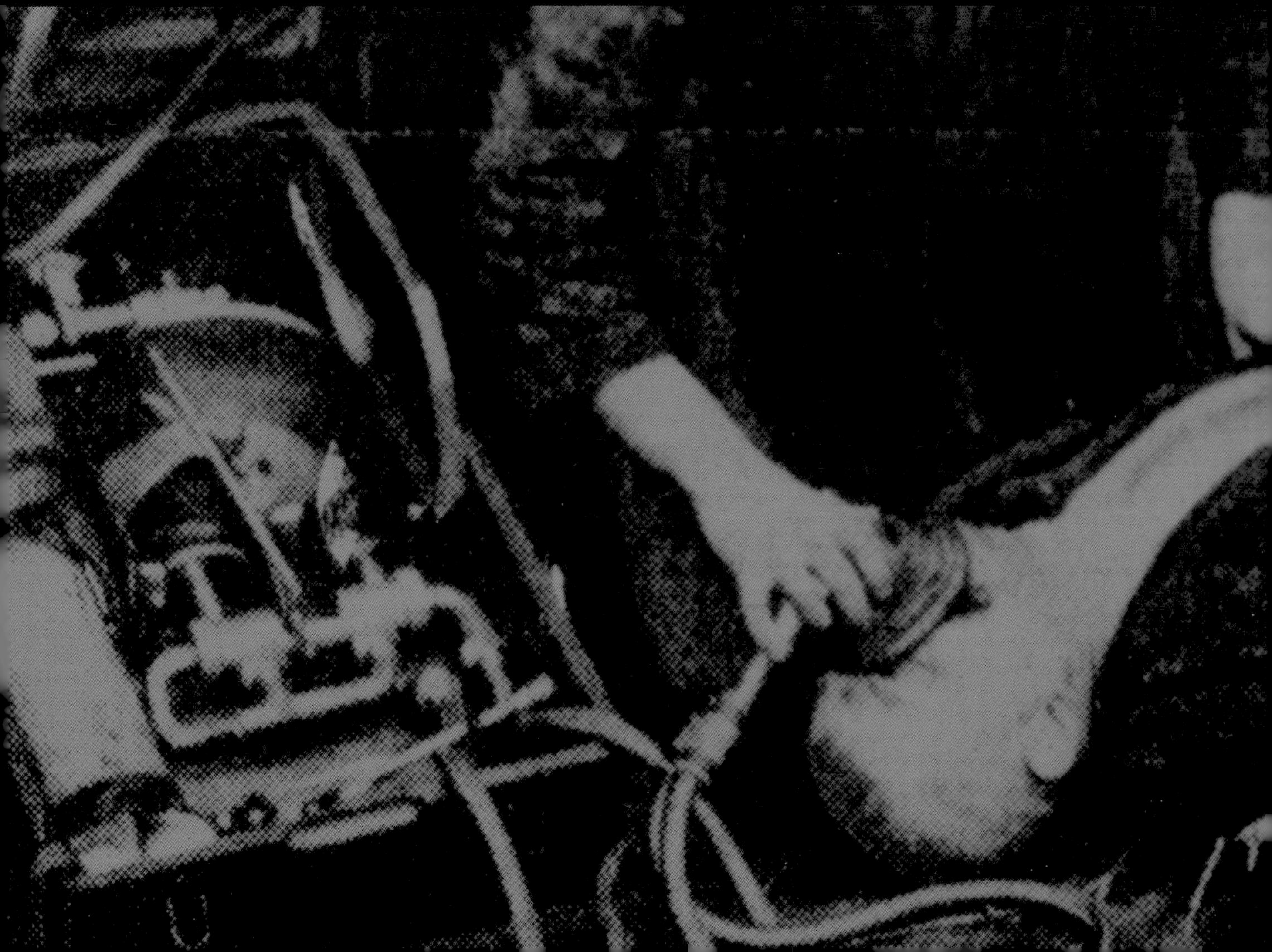

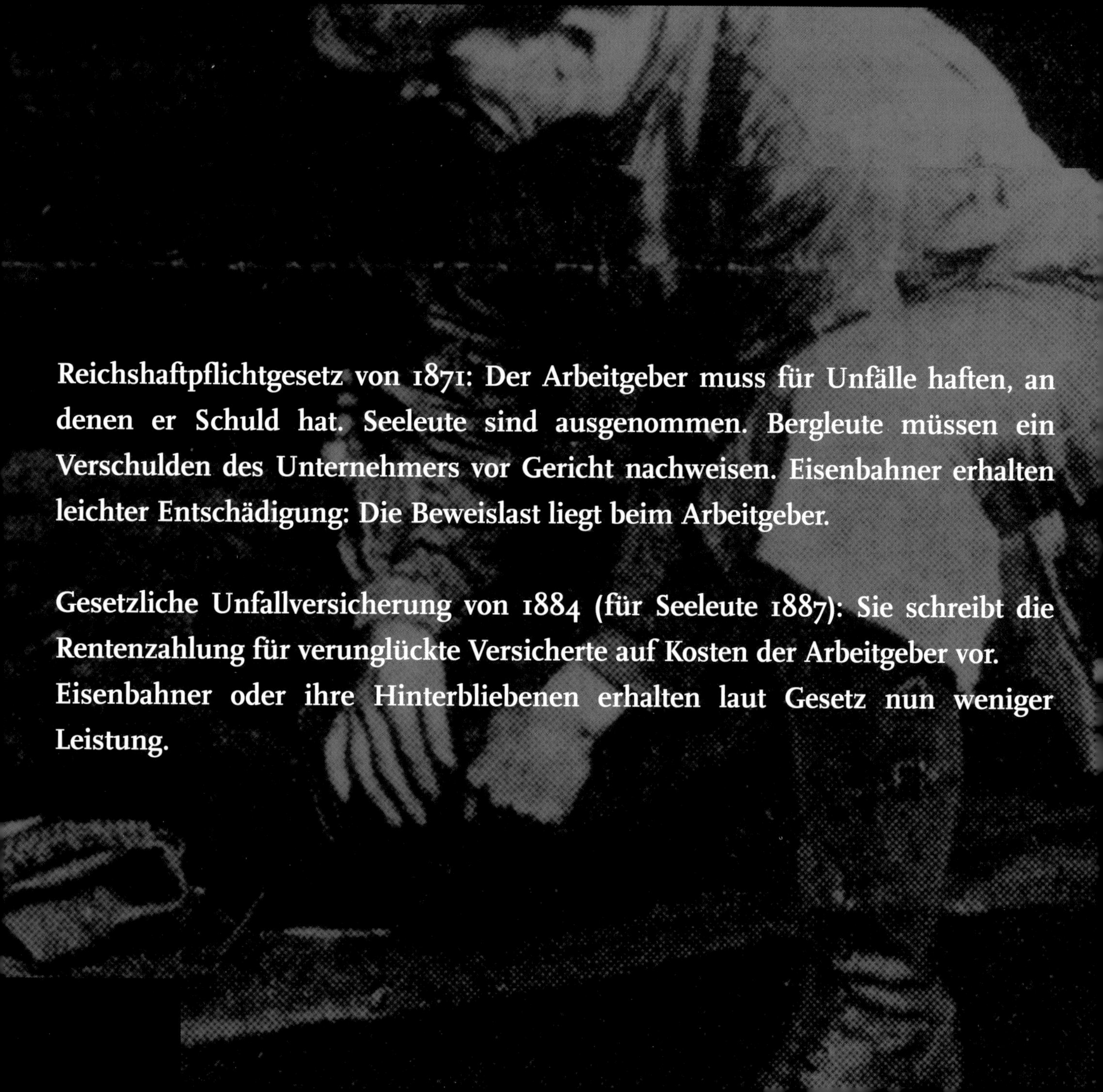

Reichshaftpflichtgesetz von 1871: Der Arbeitgeber muss für Unfälle haften, an denen er Schuld hat. Seeleute sind ausgenommen. Bergleute müssen ein Verschulden des Unternehmers vor Gericht nachweisen. Eisenbahner erhalten leichter Entschädigung: Die Beweislast liegt beim Arbeitgeber.

Gesetzliche Unfallversicherung von 1884 (für Seeleute 1887): Sie schreibt die Rentenzahlung für verunglückte Versicherte auf Kosten der Arbeitgeber vor. Eisenbahner oder ihre Hinterbliebenen erhalten laut Gesetz nun weniger Leistung.

Verunglückt bei der Arbeit – was nun? Arbeitsunfälle

Verunglückt bei der Arbeit – was nun? Arbeitsunfälle

Seefahrt, Bergbau und Eisenbahn – dies sind Berufe mit besonderen Risiken. Wie an anderen Arbeitsplätzen war hier in der Kaiserzeit für die meisten der Arbeitsdruck sehr hoch. Gerade im rasch expandierenden Bergbau fehlte oft eine solide Ausbildung. Erst allmählich verbesserten technische Entwicklungen riskante Arbeitsabläufe.

Der erste wichtige Schritt hin zur gesetzlichen Absicherung war das Reichshaftpflichtgesetz von 1871, nach dem der Arbeitgeber für Unfälle haften muss, an denen er Schuld trägt. Allerdings betraf das neue Gestz nicht die Seeleute. Und während Eisenbahner nun leichter eine Entschädigung erhielten, weil die Beweislast in ihrer Branche beim Unternehmer lag, kamen die Bergleute schlechter davon: Sie mussten die Schuld des Arbeitgebers vor Gericht nachweisen – und sich die dabei entstehenden Kosten erst einmal leisten können.

Der zweite wichtige Schritt war das Unfallversicherungsgesetz von 1884, in der Seefahrt mit der See-Unfallversicherung 1887 umgesetzt. Es löste die Haftpflichtregelung ab. Nun waren es die Bahn-Bediensteten, die gegenüber ihrem vorigen Versicherungssystem schlechter gestellt waren.

Verantwortung der Arbeitgeber für den Schutz der Arbeitnehmer bildete sich erst allmählich heraus. So gab es 1907-09 eine Untersuchung über die Unfallursachen im Steinkohle-Bergbau, die zu dem Schluss kam, dass zwei Drittel der Unfälle durch die „Gefährlichkeit der Betriebe an sich", und nur 0,6 Prozent „durch Mängel der fraglichen Betriebe im besonderen" verursacht werden. Die Unternehmer waren in dieser Argumentation, die auch im Bahnwesen und in der Seefahrt verbreitet war, immer noch weitgehend „entschuldigt".

Die ausgewählten, meist besonders typischen Unfälle veranschaulichen die schrittweise Entwicklung der Unfallversorgung und die Mechanismen ihrer konkreten Umsetzung im Zeitraum von 1880 bis 1930.

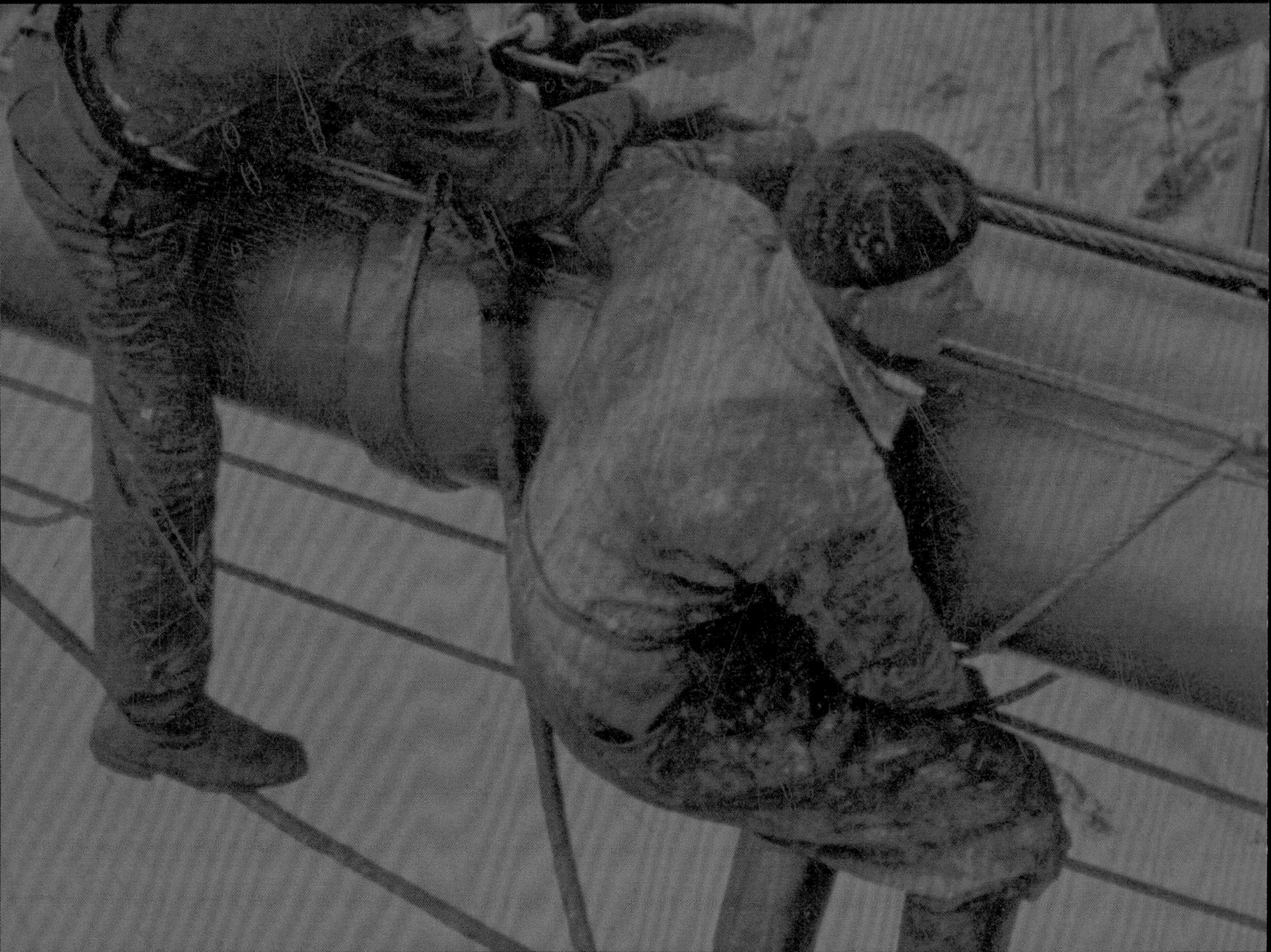

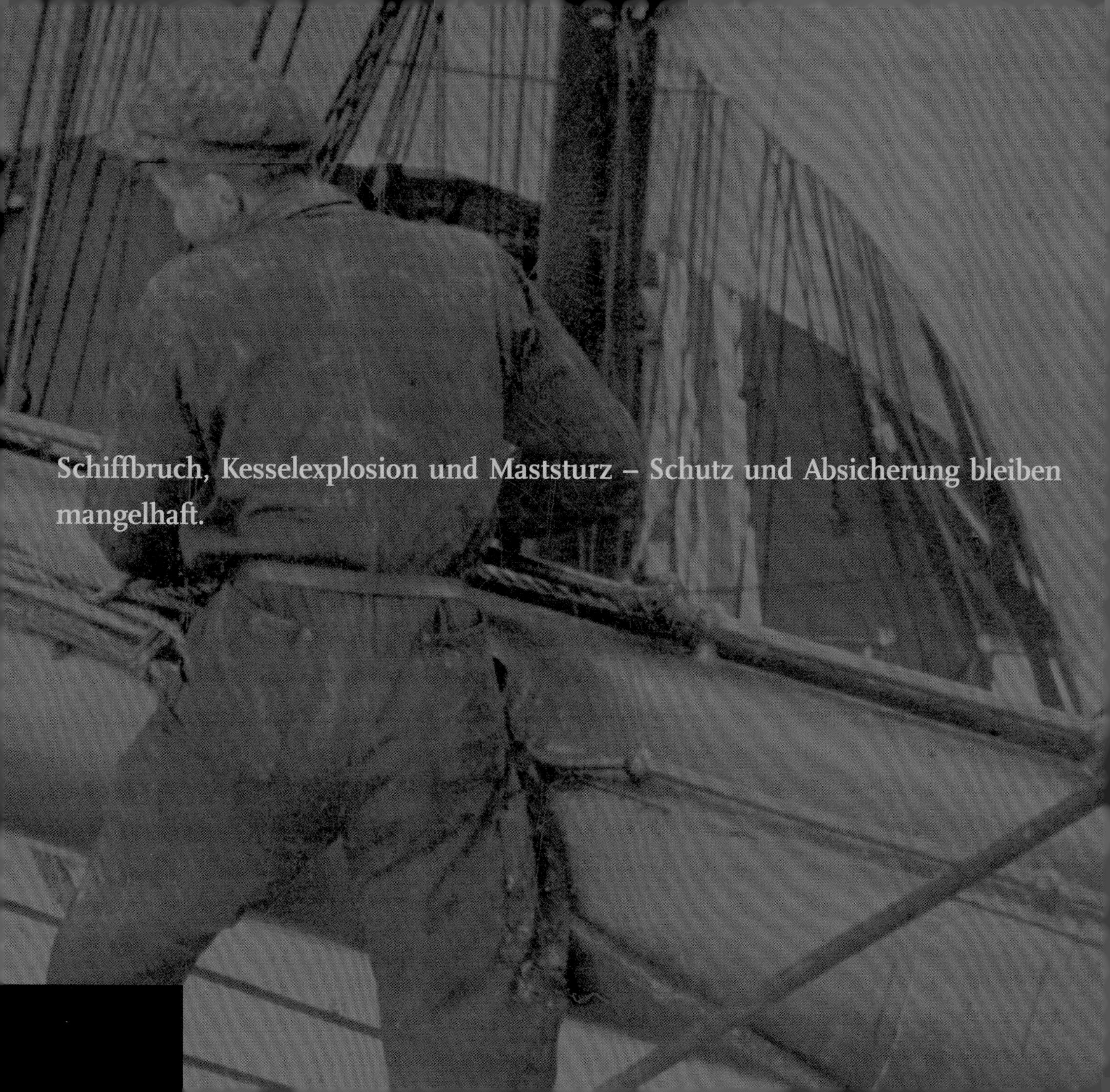

Schiffbruch, Kesselexplosion und Maststurz – Schutz und Absicherung bleiben mangelhaft.

Schifffahrts-Unglücke – zögerliche Anfänge der Sozialversicherung in der Seefahrt

Seeleute sind von Sturzseen über Bord gerissen worden und ertrunken, sie sind aus dem Mast gestürzt oder auf einem vereisten Deck verunglückt, Schiffe sind auf Grund gelaufen oder mit anderen kollidiert, im Heizraum von Dampfern erlitten Feuerleute Hitzschläge und Verbrennungen.

Der Arbeitsplatz Schiff ist von Natur aus gefährlich. In der Kaiserzeit steckten zudem die Vorsorge an Bord und die Fürsorge für Verunglückte noch in den Kinderschuhen. Was geschah also, wenn ein Seemann durch die Folgen eines Unfalls den Lebensunterhalt für sich und seine Familie nicht mehr verdienen konnte?

Anders als bei den Eisenbahnen und im Bergbau gab es in der Seefahrt vor Einführung der Unfallversicherung 1887 keine Haftungspflicht des Arbeitgebers und damit keine Möglichkeit, durch eine Rente entschädigt zu werden. Die Seemannsordnung von 1872 sah nur die traditionelle Reeder-Fürsorge mit ihren wenig umfangreichen Leistungen vor. Am Festhalten an der Reederfürsorge lag es auch, dass die gesetzliche Krankenkasse hier erst 1928 eingeführt wurde – 45 Jahre später als in anderen Branchen. Die Hinterbliebenenversorgung in der Seefahrt war seit 1907 dagegen vorbildlich.

Der Fall de Harde

de Harde, Diedrich Moritz,
Obersteuermann, * 23.11.1865, Lienen, † 28.1.1911 ertrunken,
V[ollschiff] „Elfriede“, Bolten, Kinder
See-Berufsgenossenschaft: Ehrenmal Deutscher Seeleute, 1939, S. 155

de Harde, Diedrich Moritz, Obersteuermann, * 23. 11. 1865,
† 28. 1. 1911 ertrunken ⚓ [Lienen
V. „Elfriede“, Bolten

SCHIFFFAHRTS-UNGLÜCKE – zögerliche Anfänge der Sozialversicherung in der Seefahrt

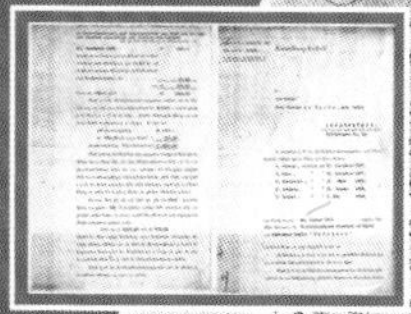

Tödlicher Unfall:
Berufsgenossenschaft zahlt Hinterbliebenenrente
Feststellungsbescheid der See-BG, 1911, Fotokopie

Diedrich de Harde kam 1911 in Diensten der Hamburger Reederei Aug. Bolten ums Leben. Er hinterließ Frau und fünf Kinder, die aus der Unfallversicherung nun eine Rente erhielten. Als Obersteuermann hatte de Harde zuviel verdient, als dass sein Einkommen voll zugrunde gelegt worden wäre. Von diesem reduzierten Betrag erhielt seine Familie nur 60 Prozent. Die Rente wurde generell für bis zu zwei Kinder bemessen.

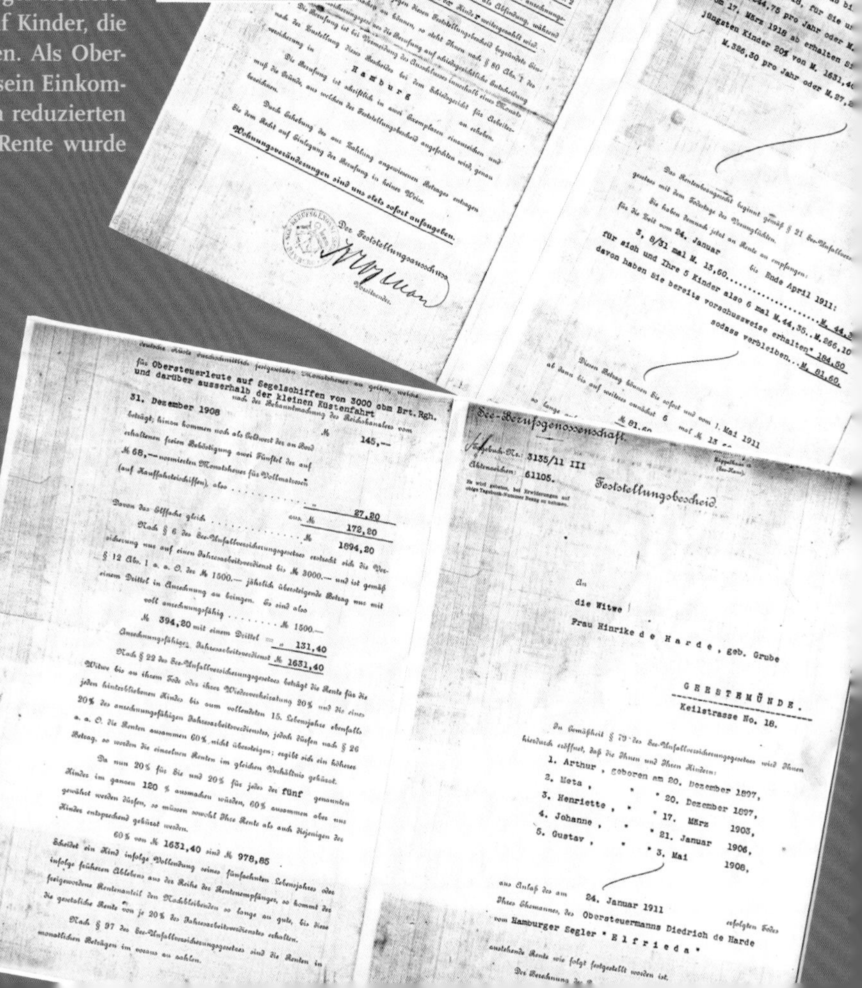

Der Fall de Harde

Wie hat sich die Versorgungslage in einem solchen Fall über die Jahrzehnte hinweg entwickelt?

1880 Zeitschnitte

Es galt die Seemannsordnung von 1872, die eine Fürsorgepflicht des Reeders festschrieb. Eine Hinterbliebenenversorgung war darin nicht enthalten. Nur die Bestattungskosten hätte der Arbeitgeber übernehmen müssen, außerdem die letzte Heuer auszubezahlen gehabt. Die Witwe de Hardes und ihre Kinder wären auf Almosen angewiesen gewesen, sofern sie nicht eine private Versicherung abgeschlossen hatten.

Schifffahrts-Unglücke – zögerliche Anfänge der Sozialversicherung in der Seefahrt

1910

Seit 1888 zahlte die staatliche Unfallversicherung den Hinterbliebenen von tödlich verunglückten Seeleuten eine Rente. Seit 1907 erhielten eine solche Unterstützung auch die Familien von Seeleuten, die einer Krankheit erlegen waren – fünf Jahre vor der generellen Einführung einer solchen Hinterbliebenenrente in der Invalidenversicherung. Renten für die Hinterbliebenen von Seeleuten wurden auch dann ausbezahlt, wenn die Witwe des verunglückten Seemanns erwerbsfähig war – eine Besserstellung der Witwen von Seeleuten.

1930

Die Versorgungsleistungen waren 1925 per Gesetz ausgeweitet worden. Die Familie de Hardes hätte mehr Geld erhalten. Sein Jahresarbeitsverdienst wäre mittlerweile voll und nicht nur teilweise zur Berechnung herangezogen worden. Außerdem standen seiner Witwe nun 40 statt nur 20 Prozent der Einkünfte als Rente zu. Die Kinder wären im alten Umfang berücksichtigt worden, aber insgesamt wäre die Rente für seine Familie um 20 Prozent höher ausgefallen. Allerdings waren Witwenrenten seit 1923 wieder an die Erwerbsunfähigkeit der Witwe gebunden – sie hätte 1930 mindestens 50 Prozent umfassen müssen.

Obersteuermann auf dem Vollschiff Elfrieda
Elfrieda auf dem Avon, um 1900
Deutsches Schiffahrtsmuseum Bremerhaven

Das Schiff, auf dem Diedrich de Harde 1911 ums Leben kam, wurde von der Hamburger Reederei Aug. Bolten damals für drei Geschwister der Bremer Familie Vinnen bereedert. Die Firma war 1814 gegründet worden und lange Zeit nur im Schiffsmakler-Geschäft tätig. Seit 1866 unterhielt man eigene Schiffe. Das Vollschiff Elfrieda war 1873 in Liverpool gebaut worden. Das Foto zeigt, wie der Segler auf dem Fluss Avon nach Bristol geschleppt wird.

Warum ist Diedrich de Harde ertrunken?
Mit einem Tau gesicherter Steuermann, um 1925
Deutsches Schiffahrtsmuseum Bremerhaven

Zwar wissen wir nicht, wie es genau dazu kam, dass der Obersteuermann de Harde 1911 ertrank. Aber es ist bekannt, wie Seeleute zum Spielball des Seegangs werden konnten: 1930 veröffentlichte der Schriftsteller, Reiseberichterstatter und Dokumentarfilmer Heinrich Hauser einen Bericht über eine Fahrt auf der Viermastbark Pamir. Bei einem Sturm sei der Erste Offizier „durch eine See achtern von den Wanten bis an die Poop gewaschen worden“. An einer anderen Stelle heißt es: „Das Deck ist so steil, daß man kaum mehr gehen kann.“ – Seeleute konnten sich durch eine Leine sichern, wie der abgebildete Steuermann auf einem Segler.

Schifffahrts-Unglücke – zögerliche Anfänge der Sozialversicherung in der Seefahrt

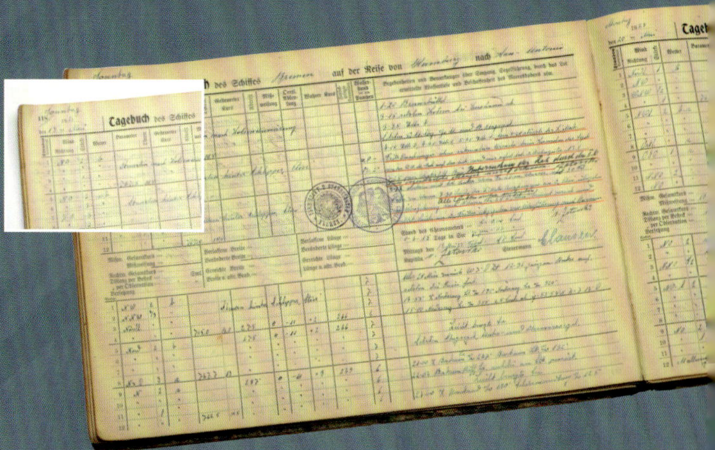

Zu Tode gestürzt
Unfallbericht über einen Maststurz im Logbuch der Bark Bremen, 1929
Deutsches Schiffahrtsmuseum Bremerhaven

Am 19. Mai 1929 stürzte der Leichtmatrose Fritz Ruschemeier von einem Mast der Bark Bremen, die für die Bremer Segelschiffreederei Seefahrt fuhr. Aus dem Eintrag im Logbuch des Seglers geht hervor, dass der knapp 17-jährige Matrose einen Schädelbruch erlitt. Üblicherweise war ein Nautiker für die medizinische Versorgung zuständig, den Eintrag im Bordjournal hatte hier jedoch ein Schiffsarzt vorgenommen. Dies hing mit der Nutzung der Bremen als Ausbildungsschiff zusammen.

Im Eis der Ostsee
Bark Bremen, 1929
Deutsches Schiffahrtsmuseum Bremerhaven

Kurz bevor sich der tödliche Maststurz des Leichtmatrosen Ruschemeier ereignete, hatte die Bremen im Eis der Kieler Förde festgelegen. Ruschemeier stürzte von der Vor-Untermars-rah. Diese befindet sich am vordersten, also dem Fockmast. Sie trägt dort das zweite Segel von unten.

Der Fall Ruschemeier

Ruschemeier, Fritz, L.Matr., * 23.7.1912, Herford, † 19.5.1929 tödlich verletzt, B[ark] „Bremen“, „Seefahrt“ Segels. Reed. G.m.b.H., Bremen
See-Berufsgenossenschaft: Ehrenmal Deutscher Seeleute, 1939, S. 252

Ruschemeier, Fritz, L.Matr., * 23. 7. 1912, Herford
† 19. 5. 1929 tödlich verletzt
B. „Bremen“, „Seefahrt“ Segels. Reed. G. m. b. H.,
[Bremen

Der Fall Ruschemeier

1929 verletzte sich Fritz Ruschemeier, Leichmatrose auf der Bremen, bei einem Sturz vom Mast tödlich.

1880 Zeitschnitte

Hätte Fritz Ruschemeier den Sturz überlebt, aber seine Erwerbsfähigkeit eingebüßt, so wäre sein Reeder zu keiner Unterstützung verpflichtet gewesen. Nur die Beerdigungskosten hätte er tragen müssen. Ruschemeier gehörte als Leichtmatrose wohl keiner privaten Versicherungseinrichtung an. Vielleicht hätte er von alteingesessenen Seefahrtseinrichtungen Almosen empfangen.

Schifffahrts-Unglücke – zögerliche Anfänge der Sozialversicherung in der Seefahrt

In seinem Reisebericht über eine Fahrt mit der Pamir beschreibt Heinrich Hauser 1930 die schweren Verletzungen eines Leichtmatrosen, der ebenfalls im Alter von 17 Jahren „wie ein Taucher“ von einem Mast gestürzt war, den „Kopf voran“. Zwischen seinen Haaren sei ein „breiter klaffender Spalt“ zu sehen und „darunter die Schädeldecke“. Der Arm sei „wellig“ und der Fuß ist gebrochen. – „Der Steuermann flucht über den Leichtsinn“.

1910

Wären seine Eltern oder Großeltern auf einen Anteil an seinen Einkünften angewiesen gewesen, hätten sie für die Dauer der Bedürftigkeit Anspruch auf eine Rente erheben können. Hätte Ruschemeier als Invalide überlebt, hätte er eine Unfallrente erhalten. Sie wäre nach dem durchschnittlichen Monatsverdienst berechnet worden und deshalb recht niedrig ausgefallen.

1930

Ansprüche von Hinterbliebenen wären an ihre Erwerbsunfähigkeit gebunden gewesen. Die Bemessungsgrundlage für Renten war mittlerweile größer, die Versorgung demnach umfangreicher.

In 51 Metern Höhe ...
Männer auf einer Rah, 1920er Jahre
Deutsches Schiffahrtsmuseum Bremerhaven

Auf der Bark Pamir befand sich die höchste Rah in gut 51 Metern Höhe. An den Rahen wurden die Segel gesetzt bzw. gerefft. Dies geschah ohne Sicherheitsleine. Die Seeleute standen dabei auf einem „Fußpferd“, einem Tau unter dem Rundholz. Mit den Absätzen der Schuhe musste man Halt finden.
Über den gebauschten Segeln würde „man ganz das Gefühl der eigenen Schwere“ verlieren, heißt es in einem literarischen Bericht über den Maststurz eines 17-jährigen Leichtmatrosen der Pamir, der nach einem Sturz aus über 35 Metern Höhe im Jahre 1930 auf einem Eisengeländer aufschlug.

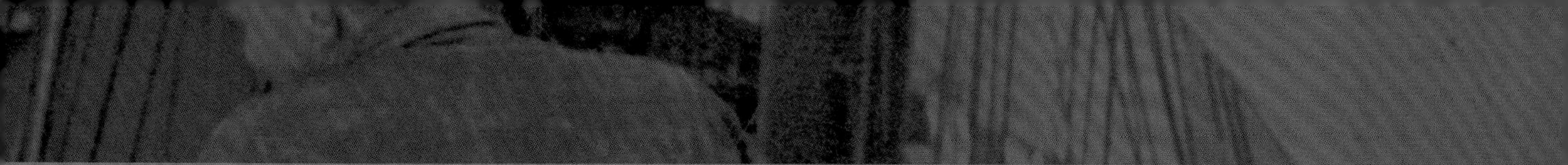

Schifffahrts-Unglücke – zögerliche Anfänge der Sozialversicherung in der Seefahrt

Was tun?
Anleitung zur Gesundheitspflege an Bord von Kauffahrteischiffen, 1899
Deutsches Schiffahrtsmuseum Bremerhaven

Nach einer Vorschrift von 1898 hatte für die medizinische Versorgung auf Auswandererschiffen ein Arzt an Bord zu sein. Dies galt jedoch nicht auf anderen Schiffen bei weniger als 100 Besatzungsmitgliedern oder 50 Passagieren. Zuständig war hier der Kapitän oder ein nautischer Offizier, der eine spezielle Schulung erfahren hatte. Zu seiner Unterstützung schrieb die See-BG vor, dass dieses Vademekum an Bord mitzuführen sei. Das kleine Buch wurde vom Kaiserlichen Gesundheitsamt herausgegeben.

137 Seeleute finden den Tod beim Untergang der Elbe 1895
See-Berufsgenossenschaft: Ehrenmal Deutscher Seeleute, 1939, S.44/45

Dass ein Dampfschiff komplett verloren ging, kam seltener vor als der Verlust von Segelschiffen. Der Untergang von 27 Seglern stand 1895 dem Verlust von drei Dampfern gegenüber. Die Zahl der tödlich verunglückten Seeleute stieg durch den Untergang des Dampfers Elbe in diesem Jahr deutlich an. 137 Besatzungsmitglieder verloren ihr Leben – von Kohlenziehern und Heizern über Matrosen, Köche und Stewards bis zum Kapitän. Die See-Berufsgenossenschaft veröffentlichte 1939 eine Auflistung deutscher Seeleute, deren Unfalltod ihr in den 50 Jahren seit ihrer Gründung „bekannt geworden" ist, also in dem Zeitraum von 1888 bis 1937. Aufgeführt sind im „Ehrenmal" auch diejenigen Fälle, in denen von Seiten der Unfallversicherung „später das Vorliegen eines Unfalles nicht anerkannt" worden ist.

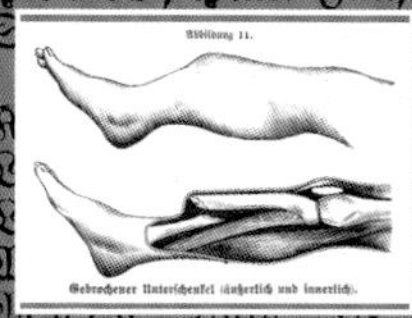

Gebrochener Unterschenkel (äußerlich und innerlich).

Funke, Aug. Heinr., Hz., * 16. 6. 1865, Kleinfreden/Hann.
Hoffmann, Jacob, Hz., * 25. 2. 1868, Reichmannsdorf
Valling, Caspar, Hz., * 16. 7. 1852, Euerdorf/Kissingen
Heins, Hinr. Jac., Hz., * 12. 5. 1865, Misselwarden/Lehe †
... Herbold, Wilhelm Theod. * 3. 9. 1860,
[Haimar/Hann. †
...t, Heizer, * 30. 11. 1863, Dresden
...heizer, * 12. 5. 1867, Lewe/Goslar
...rt. A., Hz., * 27. 6. 1860, Quatzow i. M.
... Heizer, * 28. 11. 1867, Breslau
... * 13. 11. 1868, Freiburg/Breisg. † ⚓
Mörsch, Bernh., Hz., * 13. 3. 1868, Dockweiler Kr. Daun.
Meyer, Friedr., Hz., * 11. 9. 1859, Schweier-Außerdeich †
Rudolph, Johannes, Hz., * .... aus Haingrund (1863)
Pernau, Franz, Heizer, * 16. 10. 1867, Königsberg †
Seel, Gottlieb, Hz., * 20. 10. 1869, Dombrowken/Ostpr. †
Siegesch, Gustav, Hz., * 20. 10. 1865, Waldau/Schleusg.
Schwuchow, Carl, Hz., * 10. 6. 1866, Großschlönwitz/Pom.
Schneider, Carl, Heizer, * 14. 1. 1863, Siegen/Westfalen
Wendelken, Friedr., Hz., * 15. 7. 1866, Hüttenbusch †
Viereck, Joachim Joh. C., Hz., * 16. 12. 1849, Krusendorf
Waßmuth, Heinr., Hz., * 27. 10. 1865, Oberelsungen/Kassel
...Heizer, * .... aus Chyskow/Böhm. (1863)
...mmer, * .... aus Sitten/Schweiz (1872)
...dr. Ludw. A., Tr., * 11. 7. 1876, Kleefeld
...Trimmer, * 24. 2. 1862, Lebbin/Wollin
...Trimmer, * 10. 1. 1877, Dresden
...Tr., * 25. 12. 1875, Wremertief/Lehe ⚓
...immer, * 30. 8. 1868, Wandsbek
Ewertowski, Adalbert, Tr., * 22. 3. 1862, Schwalisgewo
Felix, Gustav, Trimmer, * 8. 7. 1860, Freidorf Kr. Teltow
Garnatz, Gustav O., Trimmer, * 23. 10. 1871, Weißensee
Klemm, Robert, Trimmer, * 1. 10. 1870, Boberröhrsdorf
Meerbach, August Wilh., Trimmer, * 18. 6. 1871, Weilar
Melzner, Friedrich, Trimmer, * 15. 6. 1876, Stralsund ⚓
Meyer, Nicolaus, Tr., * 11. 2. 1874, Wersabe Kr. Geestem.
Franke, Heinr., Tr., * 17. 12. 1863, Quetzen Kr. Minden
Nicolini, Johann, Tr., * 24. 2. 1870, Poulheim/Köln
Poganiacz, Josef, Trimmer, * 6. 11. 1872, Lengainen †
Niederich, Herm., Trimmer, * 12. 4. 1869, Scheibenberg
Peters, Heinr. J., Tr., * 11. 12. 1864, Schokummerwege †
Sinram, Christian, Trimmer, * 13. 4. 1877, Wierde
Schult, Joachim, Trimmer, * 18. 5. 1864, Wandsbek †
Klinkicht, Gustav Reinh., Tr., * 3. 1. 1869, Gauernitz/Sa.
Wissel, Hugo, Trimmer, * 2. 1. 1871, Schwerin
Weiß, Carl, Trimmer, * 13. 2. 1865, Dörflas/Bayern
Windmüller, Ernst, Tr., * 3. 7. 1872, Schleusendorf
Winter, Herm. Diedr., Trimmer, * 14. 12. 1861, Lehe †
Mussauer, Josef Joh., Tr., * 22. 10. 1867, Rothenfels
Stürtze, Rob. G., Oberkoch, * 12. 2. 1869, Cölleda Pr.-Sa.
Roth, Emil Gust., 2. Koch, * 5. 2. 1871, Dresden
Weinrebe, Paul Th., Konditor, * 18. 11. 1854, Hagenow †

Schnelldampfer Elbe:
Nach dem Unglück werden Schotten-Vorschriften erlassen
Modell im Maßstab 1:100
Deutsches Schiffahrtsmuseum Bremerhaven

Die Elbe wurde 1881 vom Norddeutschen Lloyd in Betrieb genommen. Sie bot Platz für rund 1.100 Passagiere. Auf der Fahrt nach New York kollidierte der Schnelldampfer am 30. Januar 1895 nahe dem Englischen Kanal mit einem Kohlenfrachter.
Das Schiff sank innerhalb von knapp 20 Minuten. 332 Menschen kamen ums Leben, darunter 137 Seeleute.
Die Elbe verfügte über 10 Rettungsboote für 354 Personen und 2 Flöße für 30 Menschen. Sie war außerdem ausgestattet mit 7 Schotten. Den Untergang verhinderte das Sicherungssystem nicht. Hatten sich die Reeder, die die Verwaltung der See-BG führten, Vorgaben für den Einbau von Schotten zuvor noch entgegengestellt, gab man nun den Widerstand auf. Im Jahre 1896 wurden Schotten-Vorschriften durch die See-BG erlassen.

Mit dem Schiff untergegangen
Porträt des Elbe-Kapitäns Kurt von Goessel
Deutsches Schiffahrtsmuseum Bremerhaven

Der Elbe-Kapitän Goessel war 43 Jahre alt, als die Elbe unterging. Einen der vorhandenen Rettungsgürtel anzulegen, soll er ausdrücklich abgelehnt haben. Neben der Hinterbliebenenrente der See-BG standen für seine Familie auch Zahlungen aus der Witwen- und Waisenkasse des NDL an, die im Jahr vor dem Unglück gerade eingerichtet worden war.

Schifffahrts-Unglücke – zögerliche Anfänge der Sozialversicherung in der Seefahrt

Literatur:
Karl Helbig: Seefahrt vor den Feuern: Erinnerungen eines Schiffsheizers, [2]1988.
Klaus-Peter Kiedel, Uwe Schnall, Lars U. Scholl (Hg.): Arbeitsplatz Schiff. 100 Jahre See-Berufsgenossenschaft 1887–1987, 1987.
Jürgen Rath: Leben unter Deck: Frachtdampfer 1900–1925, in: Jürgen Ellermeyer, Rainer Postel (Hg.): Stadt und Hafen. Hamburger Beiträge zur Geschichte von Handel und Schiffahrt, S. 180–189, 1986.

Schifffahrts-Unglücke – zögerliche Anfänge der Sozialversicherung in der Seefahrt

„... in den Tropen sogar bis zu 70° Celsius“ vor den Heizkesseln
Heizer im Feuerraum des Dampfers Derfflinger, zwischen 1920 und 1932
Deutsches Schiffahrtsmuseum Bremerhaven

Auf einem Dampfer schaufelte ein Schiffsheizer pro Stunde etwa eine Tonne Kohlen in den Ofen – bei Temperaturen, die 60° C übersteigen konnten. Ihre Arbeit verrichteten die Heizer in einem schmalen Raum, der meist nur eine Tiefe von 2,5 bis 3 Metern hatte. Die Anstrengungen in der Hitze führten bei den Feuerleuten mitunter zu einem tödlichen Hitzschlag. Die harten Arbeitsbedingungen werden mit einer großen Zahl von Selbstmorden unter dem Heizraumpersonal in Zusammenhang gesehen: Zwischen 1889 und 1914 nahmen sich auf bremischen Schiffen insgesamt 242 Heizer und Kohlenzieher das Leben.

Drei Tonnen Kohlen geschleppt
Heizer- und Trimmerschaufel
Deutsches Schiffahrtsmuseum Bremerhaven

Die Kohlenzieher (Trimmer) mussten die Kohlen von den Bunkern vor die Kessel schaffen -- mit Körben, Schubkarren oder auch mit Hilfe von Loren, die auf Gleisen fuhren. Bis in den Depots der Fußboden erreicht war, verwendete man zugespitzte Schaufeln, um die Kohlen besser herausbrechen und in Ecken hineingelangen zu können. In einer vierstündigen Wache konnten dabei pro Kohlenzieher mitunter deutlich über drei Tonnen Kohlen zusammenkommen. Die Heizer dagegen verwendeten Schaufeln, die mit ihrer ganzen Breite über den Boden geschoben werden konnten. Etwa 20 Kilogramm Kohlen warf ein Heizer pro Schaufel auf den Rost. Dieser maß bis zu 2,5 Meter in der Tiefe. Je nach Befeuerungsart musste die Kohle dabei unterschiedlich verteilt werden. Dabei war der Stand bei Seegang und auf Kohlen unsicher.

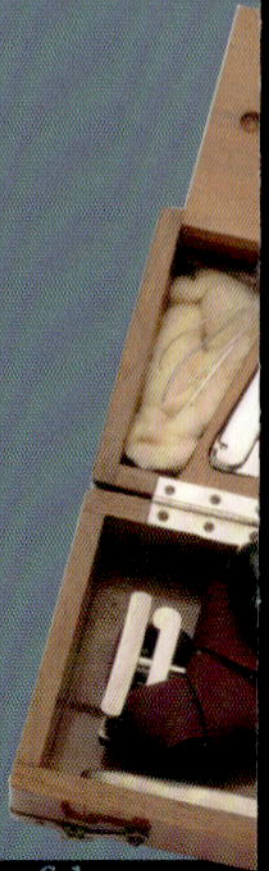

Literatur:

See-Berufsgenossenschaft, Seekasse (Hg.): 75 Jahre Seekasse, Sonderanstalt der See-Berufsgenossenschaft. 1907–1982, 1981.
See-Krankenkasse (Hg.): 75 Jahre See-Krankenkasse, 2003.
Klaus Volbehr: Gesundheit an Bord. Kleine Geschichte der Hygiene und Arzneimittelversorgung auf Schiffen, hg. von Klaus-Peter Kiedel, 21987.
Inge Wester: „...aus dem Conto für kleine und nothwendige Ausgaben". Die Geschichte der Unfallversicherung der Stadt Hamburg. Soziale Sicherheit bei Arbeitsunfall und Berufskrankheit, 1999.

Schifffahrts-Unglücke – zögerliche Anfänge der Sozialversicherung in der Seefahrt

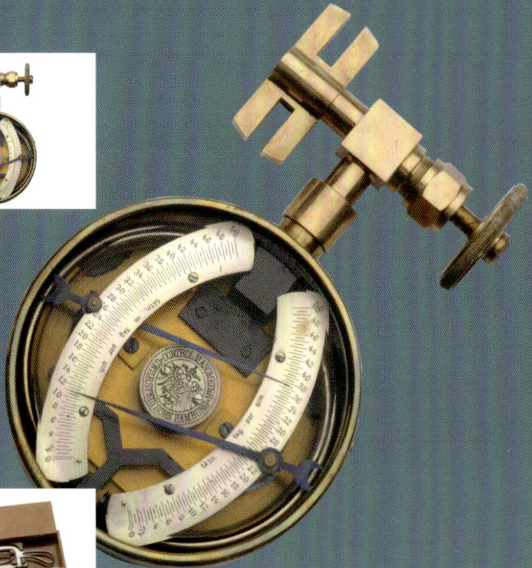

Messgerät: Heizer unter Druck
Manometer, frühes 20. Jahrhundert
Deutsches Schiffahrtsmuseum Bremerhaven

Die Heizer öffneten die Feuertür nicht nur zum Aufwerfen neuer Kohlen. Sie mussten die Kohle auch gleichmäßig verteilen und regelmäßig die Schlacke entfernen. Die Arbeit durch die geöffnete Feuertür musste rasch geschehen, schließlich sollten Temperatur und Dampfdruck nicht zu stark absinken. Der Heizer hatte daher stets den herrschenden Druck im Blick zu behalten, den ein Manometer anzeigte.

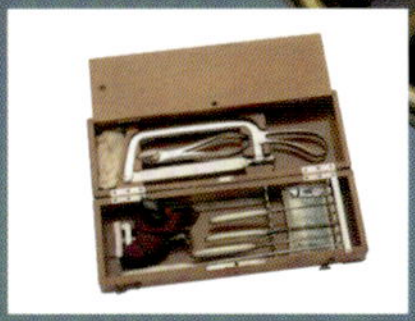

Amputationsbesteck, um 1900
Deutsches Schiffahrtsmuseum Bremerhaven

Kompakt und auf das Wesentliche beschränkt: Wie die zeitgenössischen Bordapotheken erfüllte auch weitere medizinische Ausrüstung an Bord, etwa Amputationsbesteck, diese Anforderungen.

Schiffsapotheke, 19. Jahrhundert
Deutsches Schiffahrtsmuseum Bremerhaven

Schlagende Wetter und fallende Kohlen – die gesundheitlichen und sozialen Risiken sinken nur langsam.

Bergbau-Unglücke – alte und neue Gefahren und ihre Absicherung im Bergbau

Der Abbau von Rohstoffen unter Tage gilt seit jeher als harte und gefährliche Arbeit. Allein zwischen 1886 und 1913 kamen im expandierenden deutschen Bergbau 33.886 Menschen ums Leben. Zu den bekanntesten und schwersten Unglücken zählten Schlagwetterexplosionen. Eine größere Zahl an Opfern forderte aber der Stein- und Kohlenfall, auf den in der Kaiserzeit ein Drittel aller tödlichen Unfälle zurückging. Eine weitere Hauptunfallquelle lag im Bereich der Förderung.

Maßnahmen zum Unfallschutz hielten nur sehr zögerlich Einzug in den bergmännischen Alltag. Die zuständigen Bergbehörden orientierten sich noch stark an den Gewinninteressen der Zechenbetreiber. In den Jahrzehnten um 1900 wurde die Arbeit unter Tage insgesamt dennoch etwas sicherer: Neue Abbau-, Ausbau-, Spreng- und Belichtungstechniken und der Ausbau des Rettungswesens waren hierfür entscheidend.

Verunglückte ein Bergmann, bestand traditionell die Möglichkeit der Ersatzleistungen durch die Knappschaftsvereine. 1854 regelte in Preußen das Knappschaftsgesetz die Krankenversorgung, das Krankengeld und die Invaliden- und Hinterbliebenenversorgung. Das Reichshaftpflichtgesetz von 1871 benachteiligte die Bergleute. Die Beweislast lag im Bergbau beim Opfer – das sich ein Gerichtsverfahren meist gar nicht leisten konnte. Nach Einführung der Bismarckschen Sozialgesetzgebung übernahmen die knappschaftlichen Einrichtungen die gesetzlichen Leistungen.

Rettungseinsatz in Courrières, 1906
Dräger

1906 ereignete sich in einem Steinkohlebergwerk nahe der nordfranzösischen Stadt Courrières eine schwere Explosion. Bei dem Unglück kamen mehr als tausend Bergleute ums Leben. Auch deutsche Grubenwehren beteiligten sich an den Rettungsmaßnahmen. Zum Einsatz kamen hierbei auch Atemschutzgeräte der Lübecker Firma Dräger, die gerade zwei Jahre zuvor ein sogenanntes Kreislaufgerät entwickelt hatte. Dadurch dass ein Teil der Luft zirkuliert, Kohlendioxid herausgefiltert und lediglich Sauerstoff zugeführt wird, zeichnet sich das Gerät durch eine relativ lange Nutzungsdauer aus. Daher eignet sich der Apparat besonders gut für längere Rettungseinsätze.
Der zunehmenden Verwendung von Atemschutzgeräten bei Grubenunglücken entsprach ein Ausbau des Rettungswesens im ersten Jahrzehnt des 20. Jahrhunderts. Zwischen 1907 und 1910 wurden mehrere Hauptstellen für das Grubenrettungswesen gegründet. Das Oberbergamt Dortmund schrieb 1911 Atemgeräte für Grubenwehren

Bergbau-Unglücke – alte und neue Gefahren und ihre Absicherung im Bergbau

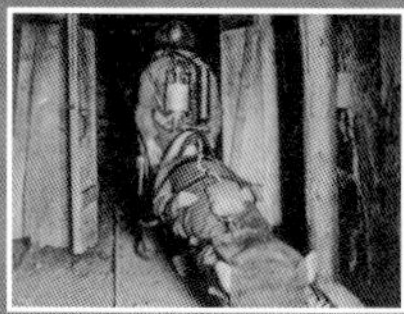

Rettung eines Verunglückten, um 1910
Deutsches Bergbau-Museum Bochum

Tod durch „Nachschwaden"
Leiche eines in den Nachschwaden umgekommenen Bergmanns, undatiert
Deutsches Bergbau-Museum Bochum

Giftige, kohlenoxydhaltige Nachschwaden sind von Methangas zu unterscheiden. Steigt die Methan-Konzentration in der Grubenluft über etwa fünf Prozent, so wird die Atmosphäre unter Tage – das „Wetter" – als Schlagwetter bezeichnet. Eine Flamme kann dieses Wetter zur Explosion bringen. Infolge eines solchen „Schlages" entstehen Verbrennungsgase, die kohlenoxydhaltigen „Nachschwaden". Nachschwaden gefährdeten auch die Rettungs- und Bergungsarbeiten.

Der Fall Stein und Hardenberg

Am 11. Februar 1925 lösten Sprengarbeiten auf der Zeche Stein und Hardenberg in Dortmund-Eving eine Schlagwetterexplosion aus. Mindestens 131 Bergleute kamen ums Leben, elf Männer erlitten Verletzungen.

1880 Zeitschnitte

Der Bergwerksbetreiber hatte Schadensersatz in voller Höhe zu leisten, sofern ihm die Schuld an dem Unglück nachgewiesen wurde.

Bergbau-Unglücke – alte und neue Gefahren und ihre Absicherung im Bergbau

Die Weimarer Republik erhöhte den Druck auf die Berufsgenossenschaften, schwerwiegenden Unfällen vorzubeugen, und sie verstärkte das wirtschaftliche Interesse an einer guten Heilversorgung. Zudem wurden die Arbeitnehmer entlastet, da nun zu Gunsten der Krankenkassen die Unfallversicherung, also die Arbeitgeberseite, mehr leisten musste.

1910

Durch die gesetzliche Unfallversicherung, 1884 eingeführt, erhielt ein Unfallopfer, das seine Erwerbsfähigkeit eingebüßt hatte, eine Rente in Höhe von zwei Dritteln der letzten Bezüge. Mit Erreichen der Altersgrenze wurde die Unfallrente ganz oder zum Teil auf die Altersrente angerechnet. Dem Rentenbezieher wurden damit Ansprüche auf Altersbezüge vorenthalten, die er einst durch eigene Zahlungen erworben hatte. Im Todesfall erhielt eine Witwe 20 Prozent des Einkommens als Hinterbliebenenrente.

1930

Langwierige Heilbehandlungen gingen nun zu einem früheren Zeitpunkt bereits nicht mehr zu Lasten der Krankenkassen. Seit 1925 musste die Unfallversicherung schon ab der neunten Woche die Kosten, und zwar auch der bisherigen medizinischen Versorgung übernehmen.

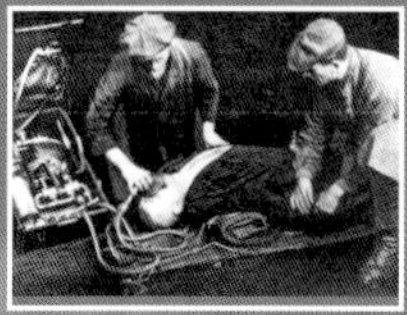

Wiederbelebungsversuch nach der Schlagwetterexplosion
in Dortmund-Eving, 1925
Deutsches Bergbau-Museum Bochum

Bergung eines Verletzten nach der Schlagwetterexplosion
in Dortmund-Eving, 1925
Deutsches Bergbau-Museum Bochum

Bergbau-Unglücke – alte und neue Gefahren und ihre Absicherung im Bergbau

Literatur:

Josef Boyer: Unfallversicherung und Unternehmer im Bergbau. Die Knappschafts-Berufsgenossenschaft 1885–1945, 1995.
Franz-Josef Brüggemeier: Leben vor Ort. Ruhrbergleute und Ruhrbergbau 1889–1919, 1983.
Dräger Safety (Hg.): Langer Atem für lange Einsätze, 2004.
Michael Farrenkopf: Schlagwetter und Kohlenstaub. Das Explosionsrisiko im industriellen Ruhrbergbau (1850–1914), 2003.

Bergbau-Unglücke – alte und neue Gefahren und ihre Absicherung im Bergbau

Benzin-Sicherheitslampe, geborgen nach der Radbod-Katastrophe, 1908
Deutsches Bergbau-Museum Bochum

1908 ereignete sich eine schwere Schlagwetterexplosion auf der Zeche Radbod in Bockum-Hövel, heute ein Stadtteil von Hamm. Es war das bis dahin schwerste Unglück im Bergbau des Ruhrgebiets. Ursache war möglicherweise eine Sprengung oder aber eine defekte Grubenlampe.

Nach der Katastrophe wurden Vorwürfe laut, die sich gegen eine mangelhafte Berücksichtigung von Vorschriften durch das Bergbau-Unternehmen richteten sowie gegen unzureichende staatliche Kontrollen.

Im Oberbergamtsbezirk Dortmund folgte auf das Unglück die Einführung von elektrischen Lampen. Sie begannen, die Benzinsicherheitslampen zu verdrängen. Diese hatten sich gerade erst am Ende des Jahrhunderts im Ruhrbergbau etabliert, und zwar dank der stärkeren Leuchtkraft des Benzins gegenüber dem vorher verwendeten Rüböl. Lichtstarke Lampen boten unter anderem den Vorteil größerer Arbeitssicherheit. Darüber hinaus waren sie gesünder für die Augen.

Kontrolle und Sicherheit, um 1930
Fahrmarken (Zeche Auguste Victoria, Marl; Zeche Westerholt, Gelsenkirchen; Zeche Langenbrahm II, Essen; Zeche Graf Bismarck, Gelsenkirchen; Zeche Friedrich der Große; Herne)
Deutsches Bergbau-Museum Bochum

Bergmannsmarken waren etwa zwischen 1860 und 1960 in Gebrauch und dienten der Kontrolle der Arbeitszeiten und der Sicherheit. Anhand der vorhandenen Marken ließ sich überprüfen, wer im Schacht war – oder wer fehlte.

Literatur:

Evelyn Kroker, Michael Farrenkopf: Grubenunglücke im deutschsprachigen Raum. Katalog der Bergwerke, Opfer, Ursachen und Quellen, ^{2}1999.
Elmar Menzel: Bergbau-Medizin einst und jetzt. Entwicklung des bergmännischen Gesundheitswesens unter Einschluß der Kranken- und Unfallversicherung, 1989.
Olaf Schmidt-Rutsch, Ingrid Telsemeyer (Hg.): Die Radbod-Katastrophe. Berichte und Zeichnungen des Einfahrers Moritz Wilhelm, 2008.
Ulrich Völkening: Unfallentwicklung und -verhütung im Bergbau des Deutschen Kaiserreiches, 1980.

Bergbau-Unglücke – alte und neue Gefahren und ihre Absicherung im Bergbau

Zusteigen verboten!
Grubenlok mit unvorschriftsgemäßem Personentransport, um 1930
Deutsches Bergbau-Museum Bochum

Durch die Ausdehnung der Grubenanlagen drängte sich ab den 1880er-Jahren der Gedanke auf, die Beförderung der Kohle in den Strecken maschinell zu betreiben. Es wurden druckluftbetriebene sowie elektrische Ketten- und Seilbahnen eingeführt. 1914 waren im Bergbau an der Ruhr 1.164 Lokomotiven im Einsatz.
Die Entlastung durch Maschinen bewirkte zunächst jedoch keine Verminderung der Unfallzahlen. Zu Beginn des 20. Jahrhunderts ereigneten sich bei der Förderung insgesamt mehr entschädigungspflichtige Unfälle als durch Explosionen.Unzureichende Qualifikation und Organisationsmängel, aber auch Fahrlässigkeit können als Unfallgründe benannt werden.

Bergmann mit Sicherheitslampe vor Ort, undatiert
Deutsches Bergbau-Museum Bochum

Die oft verheerenden Schlagwetterexplosionen waren häufig auf offene Grubenlampen zurückzuführen. Sie waren bei Schachtarbeiten noch bis ins 20. Jahrhundert in Gebrauch, obwohl es seit dem frühen 19. Jahrhundert Sicherheitslampen gab. 1884 entwikkelte Carl Wolf den neuen, helleren Typ der Benzin-Sicherheitslampe, die sich im Kohlenbergbau bewährte.
Wie schon die früheren Sicherheitslampen dienten auch Benzinlampen nicht nur der Beleuchtung des Arbeitsplatzes. Zum Beginn der Schicht kontrollierte der Sicherheitssteiger damit auch die Methangas-Konzentration an den Firsten. Veränderte die Flamme ihre Farbe, wies das auf eine erhöhte Explosionsgefahr hin.

Eisenbahn-Unglücke

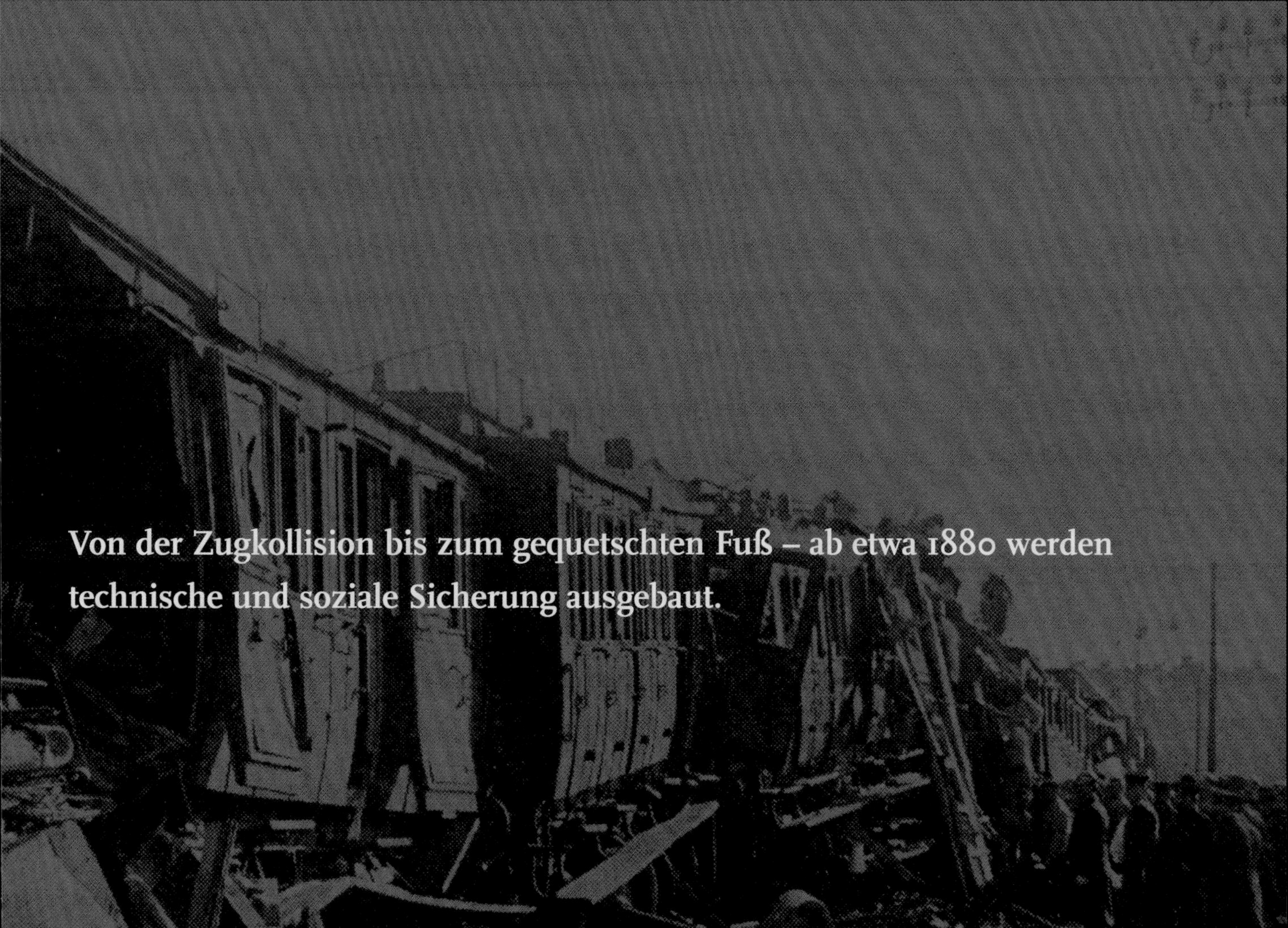

Von der Zugkollision bis zum gequetschten Fuß – ab etwa 1880 werden technische und soziale Sicherung ausgebaut.

Eisenbahn-Unglücke – technische und soziale Sicherungssysteme bei der Eisenbahn

Auch der Arbeitsplatz Lok brachte nicht nur gesundheitliche Belastungen mit sich, sondern zudem beachtliche Unfallrisiken. Spektakuläre Kollisionen und Entgleisungen von Zügen forderten nicht wenige Todesopfer, doch die meisten Unfälle ereigneten sich im normalen Bahnbetrieb, etwa beim Rangieren und Kuppeln.

Die Eisenbahnverwaltungen setzten für die Unfallbekämpfung auf Verhütungsvorschriften und auf technische Entwicklungen wie die Verbesserung der Bremstechnik. Waren zunächst noch Bremser auf den Waggons postiert, folgte ab den 1870er-Jahren die schrittweise Einführung durchgehender Druckluftbremsen.

Für den Ausgleich der finanziellen Konsequenzen von Unfällen für das betroffene Personal galt zunächst die Haftpflichtregelung von 1871. Die Bahngesellschaft musste nach einem Unfall die medizinische Versorgung bezahlen und den Verdienstausfall ersetzen. Bei einem tödlichen Unfall standen den Familien Rente und Beerdigungsgeld zu. Der Arbeitgeber hätte erst die Schuld des Betroffenen nachweisen müssen, um diesen Verpflichtungen zu entgehen.

Ab 1884 waren Eisenbahnarbeiter gegen Unfallfolgen gesetzlich versichert. 1886 erhielten auch die Bahnbeamten in Deutschland über das sogenannte Fürsorgegesetz eine eigene Unfallversicherungsregelung. Finanziell sah sich das gesamte Bahnpersonal im Unglücksfall dadurch schlechter gestellt als vor der Bismarckschen Sozialgesetzgebung. Das Bahn-Versicherungswesen, das sich rühmen konnte, schon seit 1859 mit Einheitskassen fortschrittliche Versorgung geleistet zu haben, setzte nun auf Sonderleistungen, die die gesetzlichen Ansprüche aufbesserten.

Wieder ein Unfall
Arbeitsschutzplakat, um 1930
Kieler Stadt- und Schifffahrtsmuseum

Für Eisenbahn-Bedienstete, das stellten Statistiken seit etwa 1900 deutlich heraus, bestand die größte Unfallgefahr beim unaufmerksamen Betreten der Gleise und beim Rangieren. So wurden zwischen 1878 und 1902 27 bayerische Eisenbahnbedienstete zwischen Puffern förmlich zerquetscht.
Die neuen Vorschriften und Warnhinweise ernteten bei den Arbeitern allerdings oft Spott, teils wurden sie auch missachtet. Was verstanden die Verwaltungs-Angestellten in den Büros der Genossenschaften schon von der Realität auf und an den Gleisen?

Kinder verstorbener Eisenbahner
Ansichtskarte Christianenheim in Erfurt, 1913
Privatbesitz

Das Erfurter Christianenheim von 1909 war eine Einrichtung für verwaiste Töchter von Eisenbahnern. Es wurde von der 1902 gegründeten Stiftung „Eisenbahntöchterhort" betrieben und durch Spenden der Belegschaft sowie Unterstützungsleistungen der Eisenbahnvereine finanziert. In den 1920er-Jahren erfolgte der Zusammenschluss mit dem 1922 gegründeten Eisenbahnknabenhort zum Reichsbahnwaisenhort.
Versicherungen waren nicht der einzige fürsorgerische Ansatz der Eisenbahnen. Waisenhäuser, Kranken- und Kurhäuser stehen im Bahnwesen wie in anderen Branchen für eine zunehmende Institutionalisierung der sozialen Absicherung.

Literatur:
Die Bahnversicherungsanstalt: Wir verbinden Tradition mit Zukunft, o. J.
Lothar Gall, Manfred Pohl (Hg.): Die Eisenbahn in Deutschland: Von den Anfängen bis zur Gegenwart, 1999.
Werner Haustein, Berthold Stumpf: Hundert Jahre deutsche Eisenbahner. Die Geschichte eines Berufsstandes, 1935.

Eisenbahn-Unglücke – technische und soziale Sicherungssysteme bei der Eisenbahn

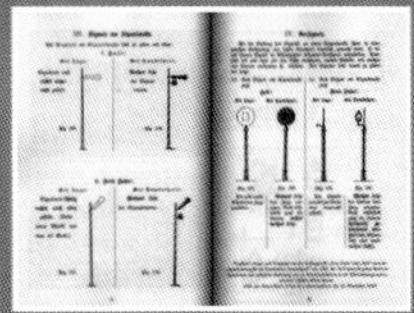

Grün steht für „Halt"?

Signale, in: Ignaz Brosius, Richard Koch: Die Schule des Lokomotivführers, Bd. III, Wiesbaden 1899, hier aus: Markus Meinold: Die Lokomotivführer der Preußischen Staatseisenbahn, Hövelhof 2008

Die Umsetzung eines Haltesignals in eine Bremsung liegt in der Verantwortung des Lokführers. Mit der zunehmenden Geschwindigkeit der Züge, einem expandierenden Bahnverkehr und einer wachsenden Zahl von Signalanlagen stieg auch das Risiko, ein Haltesignal zu übersehen. Um diese Gefahr zu verringern, wurde 1893 ein Vorsignal eingeführt. Es macht den Lokführer auf ein kommendes Haltesignal aufmerksam. Das Lehrbuch für Lokomotivführer belegt es: Noch 1899 kündigte die Farbe Grün am Vorsignal ein „Halt"-Zeichen am Hauptsignal an. Da hier Grün jedoch für „Freie Fahrt" stand, erhöhte das Vorsignal noch die Unsicherheit, die es ja gerade verringern sollte. 1910 beschloss der Bundesrat daher eine Umstellung: Grün sollte fortan ausschließlich für „Freie Fahrt" stehen.

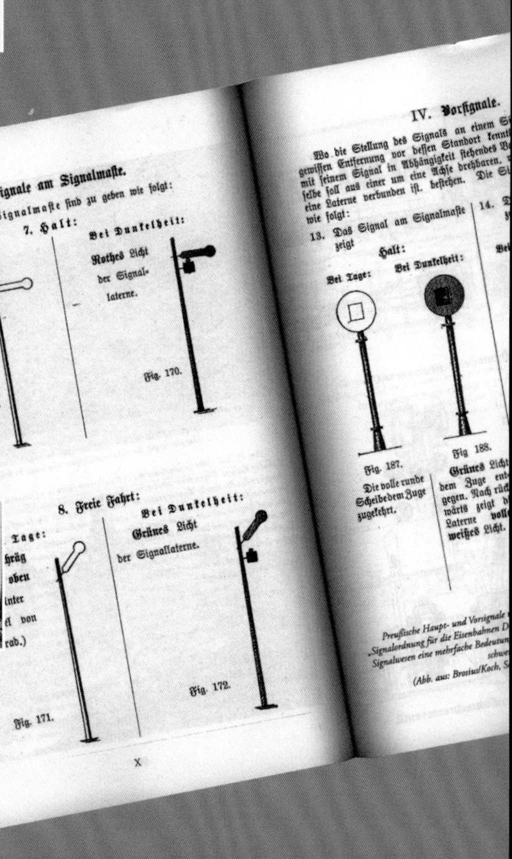

III. Signale am Signalmaste.

Die Signale am Signalmaste sind zu geben wie folgt:

7. Halt:

Bei Tage: Signalarm nach rechts wagerecht gestellt. Fig. 169.

Bei Dunkelheit: Rothes Licht der Signallaterne. Fig. 170.

8. Freie Fahrt:

Tage: Fig. 171.

Bei Dunkelheit: Grünes Licht der Signallaterne. Fig. 172.

X

IV. Vorsignale.

13. Das Signal am Signalmaste zeigt Halt:

Bei Tage: Fig. 187. Die volle runde Scheibe dem Zuge zugekehrt.

Bei Dunkelheit: Fig. 188. Grünes Licht dem Zuge

Signal überfahren

Eisenbahnunglück in Mülheim am Rhein, 1910

Ludwig Ritter von Stockert: Eisenbahnunfälle. Ein Beitrag zur Eisenbahnbetriebslehre, Leipzig 1913, Abb. 29

Am 30. März 1910 überfuhr der „Luxuszug" Hamburg – Genua in Mülheim (heute Köln) ein Vor- und ein Hauptsignal, die beide anzeigten, dass der Zug zu stoppen sei. Daraufhin kollidierte er mit einem Militärurlauberzug. Dieser hatte auf der Strecke gehalten, weil das für die Weiterfahrt vorgesehene Gleis noch belegt war. 23 Menschen kamen bei der Kollision ums Leben.

DER FALL MÜLHEIM

Das Unglück wirft Fragen zu den versicherungsrechtlichen Folgen auf, über die nichts Näheres bekannt ist. Was hätten Schuld oder Unschuld des Lokführers im Fall seines Todes für die Hinterbliebenen bedeutet?

1880 Zeitschnitte

Hätte dem Lokführer keine Schuld nachgewiesen werden können, wären die Hinterbliebenen im Jahre 1880 nach seinem Unfalltod mit einer Rente versorgt worden. Die Grundlage dafür wäre das Haftpflichtgesetz von 1871 gewesen. Hätte man dagegen erwartungsgemäß die Schuld des Lokführers festgestellt, so wäre doch immerhin mit einer Hinterbliebenenzahlung aus einer gesonderten Unterstützungskasse der Eisenbahngesellschaft zu rechnen gewesen. Zwischen dem Unfall des Lokführers und seinem Tod hätte das Unternehmen in jedem Fall das volle Einkommen weitergezahlt. Zudem wäre eine kostenfreie Behandlung durch einen Bahnarzt erfolgt.

Literatur:
Markus Meinold: Die Lokomotivführer der Preußischen Staatseisenbahn 1880-1914, 2008.
Ludwig Ritter von Stockert: Eisenbahnunfälle. Ein Beitrag zur Eisenbahnbetriebslehre, 1913.
Sigrid Amedick: Männer am Schienenstrang. Sozialgeschichte der unteren bayerischen Eisenbahnbeamten 1844-1914, Stuttgart 1997.

Eisenbahn-Unglücke – technische und soziale Sicherungssysteme bei der Eisenbahn

Das Beispiel des verunglückten Lokführers offenbart die wesentlichen Kritierien und Veränderungen der Sozialversicherung im Bahnwesen zwischen 1880 und 1930. Laut Haftpflichtgesetz von 1871 lag die Beweispflicht beim Unternehmer – die Chancen auf eine Entschädigung standen daher prinzipiell nicht schlecht.
Es fällt auch auf, dass die viel gelobte gesetzliche Unfallversicherung die Situation der Bahn-Bediensteten verschlechterte.

1910

Weitgehend unabhängig von der Schuldfrage wäre die Familie des verstorbenen Lokführers mit einer Rente unterstützt worden, deren Höhe von der Zahl der Kinder abhängig ist, allerdings 60 Prozent der Bezüge des Verstorbenen nicht übersteigt. Sie wäre damit niedriger ausgefallen als 30 Jahre zuvor. Zusätzlich hätten die Hinterbliebenen ein Sterbegeld erhalten. Für die Finanzierung der Heilbehandlung war bei Beamten nach einem Unfall nicht die Krankenversicherung zuständig. Hier bestand die Basis für eine Unterstützung im Unfallfürsorgegesetz von 1887, der Unfallversicherung der Beamten. Die Unfallrente hätte zwei Drittel des Einkommens betragen.
Leistungsansprüche wären entfallen bei der Feststellung einer besonders schweren Schuld.

1930

Die Bemessung der Hinterbliebenenversorgung hätte sich unverändert gezeigt.

Impressum

Seemann Kumpel Eisenbahner

Impressum

Idee und Projektleitung:
Prof. Dr. Lars U. Scholl, Geschäftsführender Direktor des Deutschen Schiffahrtsmuseums

Ausstellungskonzept und -texte:
Dr. Sonja Kinzler
Historikerin|Ausstellungskuratorin|Dozentin

Jens Buttgereit, M.A.
Historiker

Lektorat:
Dr. Ilka Backmeister-Collacott
kultur&kontext, München

Koordination:
Inga Brantzky, M.A.
wissenschaftliche Volontärin,
Deutsches Schiffahrtsmuseum

Ausstellungsgestaltung:
Michael Herzog, Herzog Werbung, Bremerhaven

Ausstellungsbau:
Werkstatt des Deutschen Schiffahrtsmuseums
Leitung: Andree Schnelle

IT-Administration:
Dipl.-Ing. Birgit Schindler

Begleitschrift:
Silke Brinkmann, Büro für Gestaltung, Bremerhaven

Photographische Arbeiten:
Egbert Laska, Deutsches Schiffahrtsmuseum

Druck und Bindung:
Müller-Ditzen, Bremerhaven